Fiktion und Wirklichkeit

Herausgegeben von Wolfgang Menzel

Sichtbare Zeit
Journal der Wilhelm-Lehmann-Gesellschaft
9

Fiktion und Wirklichkeit

Herausgegeben von Wolfgang Menzel

Husum Verlag

Sichtbare Zeit
Journal der Wilhelm-Lehmann-Gesellschaft

Herausgegeben von der Wilhelm-Lehmann-Gesellschaft

Die Vignette von A.P. Weber auf dem Titelblatt ist dem Umschlag des Gedichtbandes von Wilhelm Lehmann »Antwort des Schweigens. Gedichte« entnommen (Berlin-Widerstands-Verlag 1935)

Druck: Husum Druck- und Verlagsgesellschaft
Postfach 1480, D-25804 Husum – www.verlagsgruppe.de
ISBN 978-3-96717-060-3

Inhalt

Dokumentation

Gedichte

Vorwort des Herausgebers

Das Verhältnis von Wirklichkeit und Fiktion ist ein Grundthema der Literaturtheorie seit der Mimesis-Theorie des Aristoteles. Die nachahmende Darstellung einer Handlung ist demnach das entscheidende Merkmal der Literatur. Als Abbildung der Wirklichkeit ist sie nicht diese selbst, sondern Fiktion. Mimetische Darstellung funktioniert, weil es eine gewisse strukturelle Ähnlichkeit zwischen der vorgängigen realen und der davon abgeleiteten fiktiven Welt gibt. Erst die Wirklichkeit, dann, davon abgeleitet, die Fiktion.

Kompliziert wird es, wenn man philosophisch danach fragt, was Wirklichkeit ist, beispielsweise mit Kant, für den die Grundfrage der Erkenntnistheorie lautet: Was kann ich wissen? Kant untersuchte die Bedingungen der Möglichkeit von Erkenntnis und bestimmte die Grenzen der Vernunft. Die Dinge »an sich« können nicht erkannt werden, ebenso bleiben die Ideen Unsterblichkeit (Seele), Freiheit (Kosmos) und Unendlichkeit (Gott) außerhalb des festen Bodens sinnlich fundierter und durch Begriffe und Urteile gefestigter Erkenntnis. Die Wirklichkeit, sagt Kant, können wir nicht »an sich« erkennen, sondern nur als Erscheinung, die sie »für uns« ist. Erkenntnis ist immer vom Subjekt abhängig und ›Wirklichkeit‹ ist Ergebnis eines sehr komplexen Prozesses.

Was bedeutet das für die Literatur und ihr Wirklichkeitsverständnis? Wie ist das Verhältnis zwischen Kunst und Natur, zwischen Fiktion und Realität in den Werken und für die Leser? Dirk Schmid hat im Roman »Der Provinzlärm« eine Formel gefunden, anhand der er das Wirklichkeitsverständnis Wilhelm Lehmanns untersucht. Sie stammt von Jean Paul und lautet: »Die Natur folgt dem Erdichteten« (Natura sequitur fictionem). Die Fiktion bestimmt die Wirklichkeit? Eine steile These! Inwiefern es Lehmann ernst damit war, erläutert Dirk Schmid. Der Titel der – inzwischen neunten – Ausgabe des Journals »Sichtbare Zeit« lautet (in dieser Reihenfolge): Fiktion und Wirklichkeit.

Welchen Einfluss hat Literatur auf unsere Wirklichkeitsauffassung? Diese Frage lässt sich auch im Hinblick auf den anderen Schwerpunkt des Heftes stellen, den Wilhelm-Lehmann-Preis 2020 für Nora Bossong. Erstmals wurde der Preis ausdrücklich für erzählende Prosa verliehen. Die vielseitige und politisch engagierte Schriftstellerin wurde in erster Linie für ihren Roman »Schutzzone« ausgezeichnet, der im Milieu internationaler politischer Missionen der Vereinten Nationen spielt und vor diesem Hintergrund die beiden Liebesgeschichten der Hauptfigur erzählt. Die junge UN-Diplomatin Mira Weidner macht die Erfahrung, wie schwer es ist, Menschenrechte durchzusetzen. Mit dieser entschieden politischen Ausrichtung befinden sich Preis und Preisträgerin durchaus in einem Spannungsverhältnis zum Namensgeber, empfand sich doch Lehmann mit seiner Auffassung von Dichtung »der Politik gegenüber wehrlos«, und lässt sich sein Verhältnis zur Politik am ehesten als ein Nicht-Verhältnis beschreiben. Doch es gibt auch Gemeinsamkeiten, insbesondere die Modernität der Schreibweisen und die formale Risikofreudigkeit. Der frühe Lehmann galt dem Zeitgenossen Kurt Pinthus 1918 als »das handgreiflichst erzählende Talent unserer Zeit«; Nora Bossong beeindruckt die Literaturkritik durch ein Erzählen auf sieben (!) Zeitebenen und die im Brüchigen und Assoziativen des Erzählens entstehende Dekonstruktion der Ideen. Unterstützt wird dies durch einen schnellen Wechsel der Handlungsorte in Europa, den USA und in Afrika. Moralische und weltanschauliche Gewissheiten werden dabei ebenso erschüttert wie Liebesverhältnisse.

Laudator Carsten Otte lobt neben dem variantenreichen Stil den gekonnten Wechsel rhythmischer Passagen mit elegischen Textstellen und zeigt sich beeindruckt, wie gut die Autorin »die moralischen Ambivalenzen auf der politischen Weltbühne mit den Doppelbödigkeiten im Alltag« parallelisiert.

In ihrer Dankesrede weist Nora Bossong der Literatur die Aufgabe zu, auch und gerade Dinge wie Krieg, Ausbeutung, Verletzungen der Menschenrechte und der Menschenwürde überall auf der Welt beim Namen zu nennen und »die Erinnerung wach zu halten, uns ein Bewusstsein für eine Lebensrealität zu schaffen, die nicht die unsere ist und ja doch unsere sein könnte [...]« Im Verhältnis von Wirklichkeit und Fiktion hebt sie den Aspekt hervor, dass die literarische Fiktion ein Mittel gegen Geschichtsvergessenheit, Wirklichkeitverleugnung und −verweigerung sowie emotionale Abstumpfung sein kann: »Was Literatur kann, ist, uns mit aller Deutlichkeit darauf hinweisen, dass wir den Frieden nur vortäuschen, und allzu oft den Krieg, der nicht in unsere Kinderzimmer hineinreicht, gleichgültig hinnehmen«. Sie fordert nichts weniger als globale Empathie. Der Lehmann-Preis sei für sie eine »Ermutigung, unbequeme Erinnerungen weiter zur Sprache zu bringen«.

Die Liebe und ihre Zumutung, ihre Möglichkeit und Unmöglichkeit ist auch das Thema in den Liebessonetten Alma Heismanns. Wilhelm Lehmann hatte sich um 1956 dafür eingesetzt, dass diese posthum erscheinen konnten. Nun sind kürzlich Briefe Lehmanns entdeckt worden, die die Publikationsgeschichte der von Wilhelm Lehmann herausgegebenen Ausgabe erhellen. Die Wilhelm-Lehmann-Gesellschaft hat die ihr überlassenen Autographen an das Deutsche Literaturarchiv in Marbach am Neckar weitergegeben. Dort stehen sie als Bestandteil des umfangreichen Lehmann-Nachlasses weiterer Forschung zur Verfügung.

Ein besondere Art von Geistvergessenheit offenbarte der Berliner Senat in seiner Entscheidung vom Sommer 2021, das Ehrengrab von Oskar Loerke nicht mehr zu erhalten. Nachdem der Schriftsteller Lutz Seiler in der Süddeutschen Zeitung darauf hingewiesen und emphatisch eine weitere Verlängerung der öffentlichen Grabpflege gefordert, sich die Wilhelm-Lehmann-Gesellschaft mit einem Offenen Brief an den Rat der Berliner Bürgermeister gewandt und auch Akademien sowie der PEN-Club Deutschland protestiert hatten, sicherte der Senat am 9. August den Bestand des Ehrengrabs für weitere 20 Jahre zu. Siehe dazu die Dokumentation am Ende des Heftes. Dort finden Sie auch den Beitrag von Wolfgang Matz für die Frankfurter Anthologie (FAZ vom 6.8.2021). Er stellt Wilhelm Lehmanns Gedicht »Auf sommerlichem Friedhof (1944). In memoriam Oskar Loerke« vor und fragt: »Lohnt es sich, an Oskar Loerke zu erinnern? Dieses Gedicht, das ihm gewidmet wurde, zählt zu den guten Gründen, es zu tun.« Wolfgang Matz gibt am Ende eine Antwort auf die Frage, ob beide, Lehmann und Loerke heute vergessen seien, indem er eine Gegenfrage stellt: »Was ist die Gegenwart eines Dichters? Die Lektüre eines Gedichts, die Erinnerung an die Erfahrungen, die darin eingeschrieben sind. Wilhelm Lehmann hat mit seiner in der Mitte durchgerissenen Idylle auf dem sommerlichen Friedhof dem Freund und sich selbst ein unvergessliches Denkmal gesetzt, dauerhafter als der Stein, auf dem der Fliegenschnäpper hüpft.«

Wer das Ehrengrab von Oskar Loerke aufsuchen möchte – und in der Tat, »es könnte nirgend stiller sein« als auf dem grünen Waldfriedhof in der nordwestlichsten Ecke Frohnaus –, der geht durch den Nebeneingang des Friedhofs am Speerweg, nimmt nach wenigen Schritten rechter Hand die Treppe und findet oben das Grab auf der linken Seite, etwas vom Weg entfernt.

Zwei verdienstvolle Mitglieder der Wilhelm-Lehmann-Gesellschaft sind 2021 verstorben. Die Herausgeberin des achten Bandes der »Gesammelten Werke«, Verena Kobel-Bänninger, und der langjährige Schatzmeister der Gesellschaft, Adolf Nottrodt. Ihnen sind zwei Gedenkblätter gewidmet.

Abschließend noch diese Hinweise: Die Wilhelm-Lehmann-Gesellschaft wird digitaler. Ab dieser Ausgabe erscheint die »Sichtbare Zeit« auch als E-book. Der Internetauftritt unserer Gesellschaft wird gründlich überarbeitet. Die neue Website bzw. Homepage www.wilhelm-lehmann-gesellschaft-eckernfoerde.de wird komplett neu gestaltet und hat den Anspruch, übersichtlicher, ansprechender, benutzerfreundlicher, aktueller, vielseitiger – kurz zeitgemäßer zu sein. Es werden auch Film- und Tondokumente eingestellt sowie eigens produzierte Mediendateien als Podcasts (eine Folge von Interviews, Kurzfeatures, Mitschnitten von Veranstaltungen).

Das Gedicht, mit dem die »Sichtbare Zeit« diesmal schließt, ist von Oskar Loerke, und es behauptet – in einfachen Worten und Bildern – den Vorrang der Fiktion vor der Wirklichkeit, wenn die (fiktive) Meise dem angesprochenen (realen) Kind vor dem Hintergrund eines gerade (real) begonnenen Krieges die imaginative Vergegenwärtigung einer Utopie (Gerechtigkeit, Gleichheit, Frieden) zumutet und an das Vertrauen in die Natur (die eigenen Kräfte) appelliert: »Du mußt wie wir den Glauben wagen, / Du habest Flügel, die dich tragen«.

Wolfgang Menzel

Wilhelm-Lehmann-Preis 2020 an Nora Bossong

Einführung

Mit dem Wilhelm-Lehmann-Literaturpreis der Stadt Eckernförde wird im Jahr 2020 Nora Bossong ausgezeichnet. Die Jury[1] begründet ihre Entscheidung:

Die 1982 in Bremen geborene Autorin weist schon jetzt ein bemerkenswertes Werk aus Prosa und Lyrik auf. In ihren Romanen hat Nora Bossong das politische und engagierte Schreiben auf zeitgemäße Weise fortgesetzt. Ihre Bücher sind kritisch, aber niemals pädagogisch. In ihrem neuen Roman »Schutzzone« (Suhrkamp 2019) setzt Nora Bossong die Unübersichtlichkeit politischer Strukturen der Gegenwart in einen faszinierenden, komplex gearbeiteten Text um. Am Beispiel ihrer Protagonistin Mira Weidner, die als Mitarbeiterin der Vereinten Nationen an Krisenherden der Welt operiert, stellt Bossong in kunstvoller Sprache die großen Fragen nach Menschlichkeit, Verantwortung und dem Sinn vermeintlich karitativen Handelns. Auf mehreren Zeitebenen zeigt Bossong den globalisierten Menschen im Zwischenraum von Macht und Einsamkeit.

Der Preis sollte ursprünglich am 16. Mai 2020 in Eckernförde verliehen werden. Die starken Einschränkungen des öffentlichen Lebens durch die Covid-19-Pandemie erzwangen eine Verschiebung der Lehmann-Tage 2020 und der Preisübergabe auf den 3. Oktober. Erstmals wurden die Lehmann-Tage im Internet als Zoom-Konferenz übertragen.

Nachdem die Preisträger und Preisträgerinnen der vergangenen Jahre in erster Linie für ihr lyrisches (Jan Wagner, Nico Bleutge, Ann Cotten, Ulrike Almut Sandig) und essayistisches Werk ausgezeichnet worden waren, sollte der sechste Wilhelm-Lehmann-Preis ausdrücklich für herausragende Leistungen im Bereich der erzählenden Prosa vergeben werden. Dies war die einzige Vorgabe, die die Jury hatte. Die Jury war frei. »Weder wurde eine vermeintliche Affinität zum Werk Lehmanns oder gar eine Nähe zu seiner Poetologie verlangt noch eine bestimmte Thematik, weder ein Bekenntnis zu einer bestimmten Region oder Landschaft noch expliziter Kosmopolitismus. Entscheidendes Kriterium war die literarische Qualität. Damit und mit ihrer Wahl traf die Jury Anfang diesen Jahres ins Schwarze«, sagte Wolfgang Menzel in seiner Einführung. Und weiter:

»Nachdem wir im Februar den Namen der Preisträgerin bekannt gegeben hatten, wurden Nora Bossong im April der Thomas-Mann-Preis und im Juli der Joseph-Breitbach-Preis zugesprochen. Wegen der Pandemie-bedingten Einschränkungen mussten die Preisverleihungen auf den Herbst verschoben werden. Dadurch wurde es terminlich sehr eng. Am 25. September 2020 nahm Nora Bossong in Koblenz den Joseph-Breitbach-Preis der Akademie der Wissenschaften und Literatur, Mainz entgegen. Am 3. Oktober erhält sie in Eckernförde den Wilhelm-Lehmann-Preis und am 12. November wird das Glückskind Nora Bossong wieder nach Schleswig-Holstein reisen, wo ihr in Lübeck der Thomas-Mann-Preis überreicht wird. Dieser Preis wird mitgetragen von der Bayerischen Akademie der Schönen Künste, München. Übrigens: Wilhelm Lehmann war seit 1950 Mitglied beider Akademien. Es fügt sich also ganz wunderbar zusammen. Wir gratulieren! Wir freuen uns mit Nora Bossung über diese Ehrungen und sind zugleich ein wenig stolz, dass wir ihr heute im Ostseebad Eckernförde den mit 7.500 Euro dotierten Wilhelm-Lehmann-Preis der Stadt Eckernförde überreichen dürfen – und dies ohne die Unterstützung starker Akademien. Aber auch die Wilhelm-Lehmann-Gesellschaft hat engagierte Partner, Förderer und Unterstützer.

Ich nenne sie in alphabetischer Reihenfolge – damit keine Rangfolge entsteht. Unser Dank geht an:
die Arbeitsgemeinschaft Literarischer Gesellschaften (ALG),
die Elisabeth Eifert Stiftung,
die Förde Sparkasse,
die Kulturstiftung Rendsburg-Eckernförde,
das Ministerium für Bildung, Wissenschaft und Kultur des Landes
   Schleswig-Holstein,
das Schleswig-Holsteinische Spendenparlament für Kultur
sowie eine Reihe von Privatpersonen.

Sie haben zusammen mit unseren Mitgliedern und ehrenamtlichen Helfern diese Veranstaltung ermöglicht. Herzlichen Dank!

»Welthaft«

So lautet das Motto dieser Wilhelm-Lehmann-Tage. Ein ungewöhnliches, ein nicht gebräuchliches Wort. Es irritiert und muss erläutert werden, auch weil Wilhelm Lehmann es nie verwendet hat. Seine Bedeutung ist: »mit Welt behaftet, mit Welt versehen«, auch im Sinne von »weltartig«, so erklärt es das Deutsche Wörterbuch, begründet von Jacob und Wilhelm Grimm. Vereinzelt trat »welthaft« bereits im 17. Jahrhundert auf, doch erst in der modernen Dichter- und Literatursprache sei es üblich geworden. Rilke, Stefan George, Hans Carossa, Thomas Mann haben es vereinzelt benutzt, geläufig wurde es dadurch aber nicht.

In der Form »Welthaftigkeit« taucht der damit gemeinte Sachverhalt auch gelegentlich in der Wissenschaft auf.

Als wir im geschäftsführenden Vorstand im Anschluss an die Jury-Sitzung Anfang Februar nach einer Überschrift für die Wilhelm-Lehmann-Tage 2020 suchten und auf das Wort »welthaft« kamen, war das Corona-Virus zwar schon in der Welt, aber es war weit weg, in der chinesischen Provinz Wuhan. Dass es sich so schnell verbreiten und binnen weniger Wochen die ganze Welt in seinen Griff nehmen würde, haben wir nicht vorausgesehen.

Auch nicht, dass mit der Pandemiesituation eine neue Konnotation des Wortes im Sinne eines »in-Haft-Nehmen der Welt« möglich wurde. Dabei wechselt es die Wortart. Es entsteht ein neues Substantiv-Kompositum: die Welt-Haft. Ob es dazu ein Denotat, also eine Sache gibt, sei dahingestellt; ebenso, ob diese Wortbildung überhaupt sinnvoll ist. Zudem sind Wörter mit der »Haft« als zweitem Teil unschön, weil sie den Freiheitsentzug, an sich schon eine unangenehme Sache, weiter spezifizieren: Untersuchungshaft, Beugehaft, Ordnungshaft, Auslieferungshaft, Abschiebehaft.

Erst in der durch die Pandemie und insbesondere den Lock-down im März 2020 entstandenen Situation war bei »welthaft« die Assoziation einer Gefangennahme, Freiheits- und Bewegungseinschränkung der Menschen auf der <u>ganzen</u> Welt naheliegend. Wir halten aber an dem Motto fest, denn als Adjektiv und in seiner eigentlichen Bedeutung im Sinne von »weltartig« scheint uns das Wort »welthaft« treffend, um das Werk der Preisträgerin Nora Bossong zu charakterisieren. Denn ihre Romane sind in besonderer Weise mit Welt behaftet.

Aber nicht nur die Romane, auch ihre Lyrik und selbstverständlich ihre Essays und Reportagen wie »Rotlicht« sind außerordentlich welthaltig. Der Roman »Schutzzone« thematisiert die Welt der großen Politik, die Weltpolitik der Vereinten Nationen, ihre unübersichtlichen Strukturen, ihre sich verselbständigende Bürokratie, die Vergeblichkeit, das Scheitern. Der Roman zeigt Menschen, die in diesem Umfeld aufgewachsen sind und darin leben – und lieben. Bossongs Erzählen ist komplex, vielschichtig und fragmentarisch; ihre Sprache ist kunstvoll, nüchtern, präzise, genau beobachtend.

Mit der Verleihung des Lehmann-Preises an eine herausragende Erzählerin (die zugleich auch eine preisgekrönte Lyrikerin ist – Peter-Huchel Preis 2012) wollen wir daran erinnern, dass Wilhelm Lehmann als Erzähler begonnen hatte und in den 1910er und frühen 20er Jahren ein hochgelobter und öffentlich ausgezeichneter Romancier war. Zu seinen Bewunderern gehörten Literaturkritiker und -kenner wie Moritz Heimann, Oskar Loerke, Kurt Pinthus, Siegfried Jacobsohn und vor allem Alfred Döblin. Erst in der zweiten Lebenshälfte trat Lehmann als Lyriker hervor und wurde nach dem zweiten Weltkrieg schulbildend wie im 20. Jahrhundert sonst nur Gottfried Benn und Bertolt Brecht. Er galt als Altmeister der zeitgenössischen »Naturlyrik«, was zu Beginn der 1950er Jahre ein Ehrentitel, am Ende des Jahrzehnts bereits Ausdruck eines ästhetischen Abseits war und ab 1968 die Verbannung bedeutete (kritisiert wurden Gegenwartsflucht und Menschenabgewandtheit). Dadurch ist in der interessierten Öffentlichkeit und in weiten Teilen der Fachwelt ein schiefes Bild entstanden, das ich hinsichtlich zweier Aspekte ein klein wenig zurechtrücken möchte.

1. Modernität

Wilhelm Lehmanns erster Roman »Der Bilderstürmer« beginnt 1917 mit dem Satz: »Der Tag kreischte mit den Farben des Kakadus.« – Was für ein Auftakt – mitten im expressionistischen Jahrzehnt! Kurt Pinthus bezeichnete Lehmann 1918 als das »handgreiflichst erzählende Talent unserer Zeit«. Es sei in der Weltliteratur noch nicht da gewesen, dass jemand die einfachsten Vorgänge der Natur mit so dichterischer Plastik darstellen könne, meinte Pinthus. Der Herausgeber der epochalen Lyrikanthologie »Menschheitsdämmerung« stand mit seiner positiven Einschätzung, Lehmann sei ein Autor auf der Höhe der Zeit, damals nicht allein.

Alfred Döblin, vielleicht der experimentierfreudigste, innovativste und radikalste deutschsprachige Erzähler der Moderne, erkannte und schätzte früh die ästhetische Radikalität und experimentelle Kühnheit der Prosa Wilhelm Lehmanns. Der Prosa, wohlgemerkt. Denn bis 1923 hatte Lehmann noch keinen einzigen Vers eigenständige Lyrik veröffentlicht – er sah sich als Erzähler. Döblin verlieh Lehmann 1923 den Kleistpreis für drei Romane und lobte in seiner Begründung die Modernität und jugendliche Risikobereitschaft dieses damals 41-jährigen Autors.

Heute einen Literaturpreis im Namen Wilhelm Lehmanns an eine thematisch und formal risikofreudige, innovative Autorin der jüngeren Generation für herausragende Leistungen auf dem Gebiet der erzählenden Prosa zu verleihen, ist also alles andere als abwegig.

2. Das Politische

Nora Bossongs Roman »Schutzzone« spielt im Diplomatenmilieu der Vereinten Nationen. Wilhelm Lehmann hätte nie einen Roman über den Völkerbund geschrieben. Die vor 100 Jahren als Folge des Ersten Weltkriegs gegründete zwischenstaatliche Organisation mit Sitz in Genf sollte Immanuel Kants Idee einer »durchgängig friedlichen Gemeinschaft der Völker« verwirklichen und den Frieden durch internationale Schiedsgerichte, Abrüstung und ein System kollektiver Sicherheit dauerhaft sichern. Lehmann war ein entschiedener Gegner des Krieges, aber die große, die Weltpolitik, war für ihn kein literarisches Thema. Es war nicht seine Welt und er kannte sich darin nicht aus. Da lag die Welt der reformpädagogischen Landerziehungsheime und später das staatliche Schulwesen näher. Er hätte auch keine Zeit für solide Recherchen gehabt. Zudem hätte sich ein »politischer Zeitroman« auch nicht mit seiner Auffassung von Dichtung und dem Dichterischen vertragen. Deshalb hat Lehmann auch nie einen reinen Kriegsroman geschrieben. »Der Überläufer«, 1927 fertiggestellt und bis 1962 ungedruckt geblieben, ist nur in seinem Mittelteil ein Kriegsroman. Als Ganzes ist er ein Roman über die Dichtung und die dichterische Existenz. Der Krieg ist darin eine – allerdings zentrale – Episode. Lehmann hätte die Kriegskapitel 1927 separat veröffentlichen können – und damit noch vor Remarque und Ludwig Renn zu den Ersten gehört, die in der Weimarer Republik den Typus des modernen, authentischen und kritischen Kriegromans begründen. Eines Romantyps, der auf Grundlage eigenen Erlebens den Krieg aus der Perspektive eines einfachen Soldaten erzählt. Das machte den »Überläufer« 100 Jahre nach Kriegsbeginn wieder aktuell, weshalb die Wilhelm-Lehmann-Gesellschaft ihn in einer rekonstruierten Fassung 2014 separat herausgegeben hat – so wie Alfred Döblin es damals vorgeschlagen hatte und wofür Lehmann 1927 auch einen Verleger gefunden hätte. Lehmann wollte seinen vielschichtigen Roman nicht amputieren, ihn nicht eindimensional »welthaft« machen im Sinne einer ausschließlich realistischen Lesart. Es wäre, aus seiner Sicht, ein Torso entstanden, wenn die Geschichte Hanswilli Nuchs, dieses, wie ein Kritiker einmal meinte, sonderbaren Naturheiligen, nicht zu Ende erzählt worden wäre. Das Ganze – also auch die andere Welt, die Welt der Dichtung und des Geistigen enthaltend – oder gar nicht. Das war Lehmanns Haltung und da blieb er konsequent. So ruhte das Manuskript 35 Jahre in der Schublade. In seiner Radikalität als Anti-Kriegsroman mit einem Deserteur als Zentralfigur und »Überläufer zur Natur« ist dieser Roman in der deutschen Literatur bis heute singulär.

Tagespolitik und schon gar Weltpolitik interessierten Lehmann nicht sonderlich. Dabei gibt es in seinem Werk durchaus Hinweise auf eine auch politische Zeitgenossenschaft. Aber sein Erzählen bleibt dort, wo es realistisch ist, in der kleinen Welt,

– im überschaubaren Rahmen eines Internats mit den keineswegs unpolitischen Querelen um Erziehungsgrundsätze und Führung (»Der Bilderstürmer«)
– in der landwirtschaftlich geprägten Welt der irischen Provinz, in die es einen Aussteiger verschlägt, nachdem sich seine Frau von ihm getrennt hat (»Die Schmetterlingspuppe«)
– in einer Provinzschule mit ihren kleinkarierten Lehrerzimmer-Streitereien, dem geduldeten Alltagsrassismus und Antisemitismus im Vorfeld des heraufziehenden Faschismus (»Der Provinzlärm«).

Lehmann mischte sich nicht ein in politische Dinge, das war ihm fremd, vor allem dort, wo Politik etwas mit Macht und Machtausübung zu tun hat – und wo hat sie es nicht? Der Dichter Lehmann sah sich der Politik gegenüber wehrlos. Und wo er sich glaubte politisch engagieren zu müssen, wie 1933 durch seine eilfertige, angstgetriebene NSDAP-Mitgliedschaft, hat es ihm wenig genützt und – was das Urteil durch die Nachwelt angeht – eher geschadet.

Wilhelm Lehmann hat – ausdrücklich als Dichter sprechend – sein Nicht-Verhältnis zur Politik 1964 selbst erläutert – in einer Antwort auf eine Umfrage. Für ihre Weihnachtsbeilage am 24. Dezember stellte die Südwestpresse Tübingen, eine regionale Tageszeitung, sechs »Persönlichkeiten des deutschen Geisteslebens« folgende Frage: »Wie beurteilen Sie die Situation der Zeit a) in politischer, b) in geistig, kultureller, c) in religiöser Hinsicht?

Neben der Antwort Wilhelm Lehmanns wurden diejenigen von Wolfgang Altendorf, Ralf Dahrendorf, Karlheinz Deschner, Hans Habe und Erich Maria Remarque abgedruckt. Wilhelm Lehmann ist mit 82 Jahren der Älteste der Gruppe. Er wurde in der Adenauer-Restauration als Naturlyriker rezipiert und gefeiert, war trotz seines Alters im literarischen Leben präsent: durch Lesungen, öffentliche Vorträge, Mitgliedschaften in Akademien, ausgezeichnet mit dem Lessing-Preis der Stadt Hamburg, dem Schiller-Gedächtnispreis des Landes Baden-Württemberg und dem Großen Bundesverdienstkreuz – ein Autor auf der Höhe seines Ruhms.

In seiner Antwort besteht Lehmann auf der Trennung der Sphären. Er nimmt selbstbewusst die Position des Dichters ein. Manche mögen es damals als konservativ oder gar halsstarrig aufgefasst haben, wenn er für sich die Rolle des »Dichters«, in Anführungszeichen gesetzt, in Anspruch nimmt und sie im Sinne des 19. Jahrhunderts begreift, noch vor der Erfindung des »Intellektuellen« und des »politischen Engagements«. Leichte Resignation schwingt in Lehmanns Positionsbestimmung mit, aber auch ein Beharren auf dem, was Poesie von Politik unterscheidet: ein Beharren auf einem spezifischen Wahrheitsanspruch der Dichtung.

Wilhelm Lehmann betont das Eigenrecht und den Eigenwert der dichterischen Sprache, die nicht zwangsläufig eine »ungenaue Sprache« sein muss. Er schreibt:

Ist es genial, die Natur des Wassers mit H_2O zu bezeichnen, so ist es genial, zu sagen, daß es »kühlt mit Liebesschauerlust und jauchzendem Gesange«. Von der Poesie zur Politik, das bedeutet auch den Weg vom Einzelnen zur Abstraktion: der Wissenschaft bedeutet das Allgemeine, der Dichtung das Einzelne alles. Der Dichtung als solcher hat die Einmischung ins Politische noch nie gutgetan, sie erkauft den Tageserfolg mit dem Verlust des poetisch Gültigen.

Also schweigt und duldet der Dichter und läßt den Satiriker schalten. Er ist der Politik gegenüber wehrlos. Und die heutige Politik kann mit dem Nichts-als-Dichter nichts »anfangen«.

Verlangt Politik, eine Wissenschaft, spezifisches Verständnis, so besinnt sich der Dichter auf die Maxime Paul Valérys: »Die Politik ist die Kunst, die Leute daran zu hindern, sich um das zu kümmern, was sie angeht.« Also befaßt sich der Dichter mit dem, was die Leute angeht.

Verurteilt man ihn, wenn er nicht zu den Tagesfragen öffentlich Stellung nimmt: er bleibt beim Spezifischen. Er meidet die Verallgemeinerung, die das Einzelne wegätzt. Sein Weg ist der Umweg.

Er lebt von dem, was nicht auf eine Formel zu bringen ist, er schmeichelt dem Lärm einen Wohlklang, der bitteren Subjektivität ein Korn des Wohlgeschmacks ab. Ihm gehört die Genauigkeit seiner Sprache, der Rhythmus seiner Form zur Wahrheit, zu seiner Wahrheit. Er konstatiert sie nicht, er schafft sie. Es ist die Wahrheit des Märchens und der Musik. Sie dauert gedichtelang.

Auch die Dichtung, wie Lehmann sie versteht, ja gerade sie!, ist welthaft – nur ist es eine andere Welt als die der Politik, der sie verhaftet ist.

Und tut nicht gerade Nora Bossong, indem sie nicht den Roman der UNO, sondern die Geschichte Mira Weidners erzählt, genau das, was Lehmann als das Dichterische bestimmt? Sie bleibt beim Spezifischen, das Einzelne ist ihr alles.

Wir gratulieren Nora Bossong zum Wilhelm-Lehmann-Preis 2020!«

Anmerkung
1 die Schriftstellerin Therese Chromik (Husum), der Literaturkritiker Christoph Schröder (Frankfurt a. M.), die Literaturwissenschaftlerin Beate Laudenberg (Karlsruhe), der Leiter des Literaturhauses Schleswig-Holstein Wolfgang Sandfuchs (Kiel) sowie die Vorstandsmitglieder der Wilhelm-Lehmann-Gesellschaft Beate Kennedy und Wolfgang Menzel.

Carsten Otte
Trennung als Chance

Der Roman »Schutzzone« – poetische Prosa auf der Höhe der Zeit

Laudatio auf Nora Bossong anlässlich der Verleihung des Wilhelm-Lehmann-Preises am 3. Oktober 2020 in Eckernförde.

Sehr geehrte Damen und Herren, sehr geehrte Frau Dr. Kennedy, sehr geehrter Herr Dr. Menzel, liebe Nora Bossong,

eine Laudatio, die sich nicht im Lobgesang erschöpfen, sondern vielmehr literarische Reflexion sein möchte, sollte nach aufschlussreichen Verbindungslinien zwischen vermeintlich unterschiedlichen Werken suchen, aber eben auch sprachliche und inhaltliche Differenzen benennen, die wiederum einen erhellenden Blick auf gegenwärtiges Schreiben und Denken geben.

Wer die Prosa und Lyrik des 1882 in Venezuela geborenen und 1968 in Eckernförde gestorbenen Lehrers und Schriftstellers Wilhelm Lehmann noch einmal zur Hand nimmt, wird nach etwas eingehender Lektüre feststellen, dass die Einordnungen der Germanistik, die Schubladen der Kritik, aber auch die Bemerkungen der Dichterkollegen von seltsamer Einseitigkeit geprägt sind. Gewiss ist der Lyriker Lehmann einem größeren Publikum vor allem als Naturdichter bekannt, in literarischen Lexika wird er der »naturmagischen Schule« zugerechnet. Wer nur dieses Etikett kennt, wird einigermaßen erstaunt sein, jene Zeilen aus seinem Gedicht »Signale« zu lesen:
Seewärts hör ich Signale tuten:
Sie schießen die Torpedos ein.
Auf fernen Meeren, nah dem Ohre,
Gesprengter Leiber letztes Schrein.

Nach acht Strophen schließt das Gedicht mit der freistehenden Zeile: »Granaten und Schrapnells verzischen.« Das lyrische Ich beschreibt hier eine konkrete Kriegsübung, die dem Dichter allzu vertraut war, wurden in den 1940er Jahren in Eckernförde, damals wie heute Stützpunkt der Marine, tatsächlich Torpedos getestet. Lehmann notiert in seinem Tage-

19

buch am 27.3.1941: »Man hört immer das Tuten nach dem Abschuß der Torpedos. Ich konnte absolut nicht einschlafen.«

Wilhelm Lehmann war also keineswegs der Lyriker des inneren Rückzugs, der nur über Flora und Fauna dichtete; sein Schreiben war alles andere als die »Wiedergeburt des Mythos aus dem Geiste der Kleingärtnerei«, wie Dichterkollege Peter Rühmkorf einmal abschätzig formulierte. Botanische Details tauchen in Lehmanns Lyrik gleichwohl auf, geht es ihm doch um das sprachliche Vermessen von Nähe und Ferne, um die Frage, wie das Verhältnis des Autors zur Welt sich verändert. Lehmann kann sich aufs Schönste mit Kastanien im Oktoberlicht beschäftigen, wie etwa in dem Gedicht »Der Dank«, um dann ein paar Zeilen später dem unterstellten Eskapismus eine deutliche Absage zu erteilen:

Ihr habt mich oft euch eingestimmt.
Was gebe ich, der von euch nimmt?

Die Achsel zuckt: nichts als Gedichte?
Gemach! Auch sie sind Weltgeschichte.

Ein politisches Programm ist aus diesem (leicht ironischen) Bekenntnis nicht abzuleiten, doch das Beharren auf einer Lyrik jenseits des ideologischen Formats zeigt, insbesondere nach Zeiten der Propaganda deutscher Blut-und-Boden-Poetik, ein starkes Moment politischer Aufklärung. Denn das zärtliche Achten auf Details, das Erkennen der Differenzen, die Sehnsucht nach dem Naturschönen und Humanen, die ohne Pathosformeln auskommt, eine selbstreflexive Dauerbewegung, die Beziehungen von Subjekten und Objekten immer wieder neu bestimmt – eine Ästhetik, die sich solchen Maßgaben verpflichtet sieht, war und ist subversiver als die sprachliche Ordnung mit identitätspolitischen Parolen. Womit wir bei einer Schriftstellerin angelangt sind, die 100 Jahre später, nämlich 1982, in Bremen geboren wurde. Nora Bossong veröffentlicht seit ihrem Romandebüt 2006 mit dem Titel »Gegend« sowohl Prosa als auch Lyrik, und es gibt nicht viele deutschsprachige Autorinnen und Autoren, die sich in beiden Genres gleichermaßen wohl fühlen – diese Parallele zu Wilhelm Lehmann fällt jedenfalls gleich auf.

»Kreuzzug mit Hund« hieß Bossongs letzter, man müsste aber besser sagen: aktueller Gedichtband, in dem die Lyrikerin einen großen Bogen vom Okzident zum Orient spannt, eindrucksvolle Bilder für Zeiten des

Übergangs findet und zwischen den Zeilen sich die Frage stellt, wie politisch Lyrik sein kann, ohne die Dichtkunst an die Politik zu verraten. Erstaunlicherweise ist Bossong mit ganz ähnlichen Grundsatzthemen beschäftigt wie Lehmann ein Jahrhundert zuvor: Wie nah und fern zugleich ist Schönheit der Natur, wenn es in der Welt eher hässlich zugeht?

»Kurzes Asyl« heißt der erste Zyklus in »Kreuzzug mit Hund«, und wenn es ein politisches Reizwort in den vergangenen Jahren gegeben hat, dann eben jenes, das vom Schutz handelt, der Menschen zuteil wird, die auf der Flucht sind vor Krieg, Hunger und Repression. Bossong aber nimmt dem Asyl-Begriff die politische Schwere und lässt im gleichnamigen Gedicht eine kleine Herde verstörter Ziegen auftreten, die plötzlich vor der Tür stehen, dabei hatte sie niemand bestellt, so dass sie irgendwann wieder von einem Lieferwagen abtransportiert werden. Eine groteske Szene, die vordergründig von einer lebendigen und fehlgeleiteten Postsendung handelt, aber eben auch von unserer Angst vor dem Fremden erzählt.

Bis ins Haus drang drög ihr Blöken. Wir vergruben uns
unter Kissen, zornig, panisch, um den Schlaf gebracht.
Am Morgen endlich rumpelte ein neuer Lieferwagen an,
sie zockelten von dannen, unsre ungebetenen Bekannten, […]

»Ach, Europa« heißt das erste Gedicht im Asyl-Zyklus, und Europa ist hier eine »verschreckte Zwergin am Ende der Welt«. Dass man über die EU einen guten Roman schreiben kann, hatte Robert Menasse 2017 bewiesen, als ein Jahr später die Brüsseler Bürokratie in Bossings Gedicht auftauchte. »Ein Panoptikum aus Irren und Ehrenbürgern, Bagatellen und bösen Geistern« heißt es bei ihr über das vergangene und gegenwärtige Europa. Den Optimismus möchte das lyrische Wir dennoch nicht verlieren, der verschreckten Zwergin wird Mut zugesprochen: »Wir muntern sie auf und beteuern, dass es einmal gut ausgeht mit ihr.«

Im zweiten Zyklus des Gedichtbandes geht es um »bürgerliche Existenzen«, wobei das Bürgertum bei Bossong vor allem in der Bürokratie aufzugehen scheint. In diesen Versen werden Formulare und Formblätter zum poetischen Material, und durch die bürokratischen Strukturen weht ein milder Wind der Melancholie. Besonders stimmungsvoll sind jene Gedichte, die sich mit den Jahreszeiten des Übergangs und dem Jahreswechsel befassen. Der Herbst ist ein Dauerbrenner in der Geschichte der Poesie, und dennoch vermag die Autorin ganz eigene Bilder zu entwerfen, auch weil sie die Naturstimmung ins Urbane verlegt – sehr eindrücklich beispielsweise in ihrem Gedicht »Im letzten Moment November«, das mindestens so »magisch« ist wie Lehmanns Huldigungen an den »grünen Gott«. Die Magie wird bei Bossong zwar im urbanen Raum inszeniert, die Stadt aber wird wie eine Art zweite Natur beschrieben:

An einem Wagen strahlt der Blinker
als letzter Lichtblick dieser leergeräumten
Stadt. Die Straßen ausstaffiert mit nassem Laub,
sie wollen mir wohl noch beweisen, dass Schönheit
nichts bewirkt, zuhause nirgends ist. Erinnerungen
tauchen hier in einer Pfütze ab. Die Ampel vor mir
schaltet sich von Rot auf nichts, flammt kurz noch auf,
erlischt, ein scheuer Bruch mit der Routine toter Dinge.
[…]

Nora Bossongs Gedichtband bietet eine große Breite poetischer Ausdrucksformen, mit denen mal die hiesige Provinz, dann große Städte im Süden, sowohl die bösen Geister der Vergangenheit als auch die Gespenster der Gegenwart sprachlich eingefangen werden. Zum Schluss landen wir im Iran, und in den Teheraner Gedichten ist auch das Poem zu finden, das dem Band den Titel gab: »Kreuzzug mit Hund« ist dabei nicht als Provokation zu verstehen, eher als Absage an die Heilsversprechen monotheistischer Religionen und die banalen Formeln politischer Demagogen. Nora Bossong ist eine Schriftstellerin, die sich – um es mit ihren eigenen Worten zu sagen – dem scheuen Bruch mit der Routine toter Dinge widmet. Sie reist in ihren Arbeiten in weite Ferne, um besser zu verstehen, was in der Nähe geschieht. Dann wieder umkreist sie die unmittelbare Umgebung und stellt das Unmittelbare in einen globalen Zusammenhang. Sie ist eine Dialektikerin der Intimität. Eine Seelenverwandte jenes Dichters, dem die Torpedos den Schlaf raubten.

Das zeigt sich eindrucksvoll in ihrem Roman »Schutzzone«, für den sie nun mit dem Wilhelm-Lehmann-Literaturpreis 2020 ausgezeichnet wird. Wer dieses Werk mehrfach liest, wird immer neue Motive erkennen, die sich stets zu einer narrativen Einheit fügen. Wesentlich bleibt allerdings auf allen Symbol- und Erzählebenen, wie Bossongs Figuren um Nähe und Ferne ringen, wobei der Text auf luzide Weise jenen Bruch mit emotionalen Routinen in den Mittelpunkt stellt. Trennung wird hier vor allem als Chance begriffen. Schon in Kindertagen lernt beispielsweise Mira, dass Abschiede nicht nur traurig machen, sondern eben auch neue Möglichkeiten bieten. Nach der Scheidung der Eltern lebt die Ich-Erzählerin eine Weile bei einer befreundeten Familie, denn Mutter und Vater waren mit dem Streit um »Habseligkeiten beschäftigt, die ihnen während der Ehe nicht das Geringste bedeutet hatten«. In der Übergangsfamilie lernt sie Milan kennen, einen acht Jahre älteren Jungen, der sich nicht wirklich für Mira interessiert, sich aber doch um die Pflegeschwester kümmert, und zwar aus Gründen, die für das junge Mädchen nicht wirklich nachvollziehbar sind:

Er war nicht verbindlich, aber er besaß eine Höflichkeit, die man leicht damit verwechseln konnte.

Was für eine Ferne in der Nähe! Viele Jahre später arbeitet Mira für die Vereinten Nationen, über die es im Roman heißt, sie »seien eine große Familie«, was die Erzählerin doch bezweifelt, zumindest entsprechen die kalten Gänge im »Palais des Nations« nicht ihrer Vorstellung von einem Zuhause, in dem gelebt und geliebt, sich gestritten und getrennt wird. Ausgerechnet im Schutzraum der Menschenrechte herrscht eine »großzügige Gleichgültigkeit«, was allerdings nicht heißt, dass den Mitarbeitern die Krisen rund um den Globus einerlei sind, nur haben die vielen Konflikte auch zur Desillusionierung beigetragen. Wer auch immer in dieser Organisation arbeitet, wird mit hohen Ansprüchen begonnen haben und gewiss auch mal gescheitert sein im Kampf um den Frieden.

Miras größte Niederlage hat in Burundi stattgefunden. Ein Bürgerkrieg droht, mit vielen Toten, möglicherweise auch wieder schlimmen Massakern. Während in der fernen Schweiz am grünen Tisch gesittet mit Putschisten und Diktatoren verhandelt wird, überträgt sich die angespannte Spannung auch auf die UN-Gesandten vor Ort, was wiederum nicht heißt, das Leben biete keine schönen, man könnte auch sagen: aberwitzigen Seiten. Denn auch,

(...) wenn wir tagsüber miteinander zerstritten waren, feierten wir nach Dienstschluss Partys an türkisblauen Pools zusammen, vereint in dem Wunsch, die Welt zu einer besseren zu machen.

Wie schwer oder unmöglich das zuweilen ist, wird Mira erst später begreifen, als sie nämlich mit Aimé einen Mann trifft, der sich erst als verführerischer Rebell präsentiert und später für Massenmorde verantwortlich gemacht wird.

Natürlich weiß die Erzählerin, dass die Vereinten Nationen viele Verbrechen unvorstellbaren Ausmaßes wie etwa in Ruanda nicht verhindert haben. Nun aber ist sie selbst in Afrika, lernt Kindersoldaten kennen, wird mit schlimmen Verbrechen konfrontiert, was sie nicht davon abhält, sich auf den geheimnisvollen Verführer Aimé einzulassen, der ihr keineswegs verheimlicht, was er von den Friedensmissionen hält:

Der Frieden, Mira, ist eine so schöne Geste, nur leider nicht mehr als das. Eine Fantasie, sagte er, meine Hand lag in seiner, und er zog mich sanft hinauf. Es ist leicht, in dieser Fantasie zu leben, oder nein, es ist natürlich nicht leicht, Sie leiden, Sie sind traurig, Sie haben Angst, Sie hassen, vielleicht hassen Sie auch, nicht wahr, Mira, tun Sie das nicht?

Wie Nora Bossong diesen schmeichelnden Zyniker beschreibt, der so sanft wie gewalttätig sein kann, das ist unheimlich und auch deshalb so gekonnt, weil die Autorin an keiner Stelle die Klischees vom bösen schwarzen Mann reproduziert. Vielmehr spiegelt sie die Erlebnisse in Burundi mit einer ebenfalls verbotenen Liebesgeschichte, die sich einige Jahre später zutragen wird. Denn in Genf unterhält sie mit Quasibruder Milan, der mittlerweile ein verheirateter Familienvater ist, eine mal faszinierende und mal quälende Affäre. Beide Männer vereint, dass sie schwer zu durchschauen sind, dass sie Regeln vorgeben, die sie nicht einhalten, weil es gute oder schlechte Gründe dafür gibt. Mag es auch Schutzzonen geben, die mal mit dem Herzen und mal mit Waffengewalt errichtet werden, im Ernstfall, der auch ein Glücksfall sein kann, wird der Stacheldraht durchschnitten, verschwinden die Grenzen der bislang gekannten Ordnung. Bossong verknüpft die moralischen Ambivalenzen auf der politischen Weltbühne mit den Doppelbödigkeiten im Alltag, und dieses Verfahren gelingt nicht zuletzt durch die ständigen Zeitsprünge und Ortswechsel in einem Gegenwartsroman, der eben nicht mehr linear erzählt werden kann.

Es ist vor allem der variantenreiche Stil, der überzeugt: Rhythmische Passagen wechseln sich mit elegischen Textstellen ab. Bossong kann analytisch und auch mal rätselhaft formulieren. Viele Tiere treten in »Schutzzone« auf, Tauben und Pfauen, Nilpferde, und sie spielen durchaus überraschende Rollen auf der metaphorischen Erzählebene, woran nicht zuletzt Aimé erinnert, der sich darüber lustig macht, dass die Weltgemeinschaft ausgerechnet die so leicht zu zerfleddernde Taube zum Friedenssymbol erkoren hat.

Bossongs melancholischer Realismus passt sehr gut zu Sujet und Story. Ihre langen und manchmal auch verschachtelten Sätze haben eine angenehme Schwere, können aber auch leicht und ironisch sein. In dieser Hypotaxe ist das wachsende Unbehagen der Protagonistin in der politischen und privaten Unordnung gut aufgehoben, mit nahezu jedem Nebensatz kommen neue Zweifel hinzu, aber auch die Hoffnung wird genährt, es könne alles ganz anders kommen.

Nora Bossong schickt ihr Publikum in einen offenen Sprachraum, in eine brüchige Gedankenwelt, in der es nur noch Reste der tradierten Imperative gibt, weil die Verhältnisse zu kompliziert und zu unübersichtlich geworden sind. Sie stellt keine Dogmen auf, führt uns vielmehr sprachlich und inhaltlich auf ein Feld, auf dem es keine sicheren Schutzzonen mehr zu geben scheint. Dieses Buch ist aktuell im guten, weil produktiven Sinne; hier wird kein sogenanntes Trendthema durchgekaut, hier werden keine Klagelieder über die Ungerechtigkeiten in der Welt angestimmt; dieser Roman enthält keine naive Selbstbestätigungsideologie, wie sie leider immer häufiger in der zeitgenössischen Literatur zu finden ist. »Schutzzone« ist auch als Warnung an Wohlmeinende zu lesen, Begriffe wie Verantwortung und Wahrheit leichtfertig zu verwenden. Dabei redet die engagierte Autorin keineswegs einem moralischen Relativismus das Wort. In den Tiefenschichten ihrer Texte findet sich immer das Bekenntnis zur Menschenwürde, die unantastbar bleiben sollte. In Europa wie in Afrika. Die Verbrechen auf anderen Kontinenten haben immer auch mit unserer Lebensweise zu tun. Im Kern also ist dieser Roman ein literarisches Nachdenken über das reziproke Verhältnis von Nähe und Ferne, womit wir wieder bei Wilhelm Lehmann wären, der einmal schrieb:

Nahe Ferne, ferne Nähe. Im Entschweben
Rief ich euch in das Gedicht.

Als Bossongs Roman »Schutzzone« im vergangenen Jahr erschien, gehörte das Werk sogleich zu den wichtigsten Titeln der Saison. Der Deutsche Buchpreis erschien – mir jedenfalls als Kritiker – fast schon folgerichtig, was die seltsam aufgescheuchte Jury damals nicht erkennen mochte. Dann aber kam das Corona-Jahr 2020, und während nicht nur das literarische Leben ruhte, wurde Bossong mit dem Thomas-Mann-Preis und Joseph-Breitbach-Preis ausgezeichnet. Zunächst aber wurde ihr der Wilhelm-Lehmann-Literaturpreis zugesprochen, was nicht zuletzt wegen der vielfältigen ästhetischen Verbindungslinien zum Werk des Namensgebers eine kluge Entscheidung war. Eine bessere Preisträgerin hätten wir hier und heute nicht ehren können.

Liebe Nora Bossong, herzlichen Glückwunsch!

Nora Bossong
Vom vorgetäuschten Frieden

Dankesrede

Wie lange dauert Erinnerung? Eine Generation? Zwei? So lange, wie jemand davon spricht, etwas noch zur Sprache gebracht wird?

»Ihm war, als wäre alles, alles von Wurzelfäule befallen«, heißt es in Wilhelm Lehmanns eindringlichem Roman *Der Überläufer*, und in diesem Moment stehen wir mit dem Protagonisten Nuch kurz vor dem Fronteinsatz, es ist noch keine Granate neben ihm in den Boden geschlagen, er hat noch keinen Gasangriff in den Schützengräben erlebt, und die toten Bekannten sind bislang nur Namen, dieser, jener sei gefallen, es sind noch nicht die Leichen, die er vor sich sieht, zerfetzte Brustkörbe, das erstickte Wimmern nach einem Bauchschuss, und doch, die Fäule ist schon da, sitzt in den Wurzeln, und gerade ist sein Sohn geboren, einen Monat zu früh, vielleicht um den Vater vor dem Ende des Urlaubs noch kennenzulernen, aber was soll das Leben in einer Welt, die den Tod als höheres Prinzip setzt?

Wilhelm Lehmann beschreibt die Sinnlosigkeit des Krieges, vor dem es für den Einzelnen kein Entkommen gibt, dem alles andere untergeordnet wird, die Werte und Träume der Einzelnen, sie haben keinen Bestand mehr vor dem dicklichen, brutalen und eingebildeten Kompaniefeldwebel Lucke, vor dem als höher gesetzten Ziel des Militärs und des Vaterlands.

»Ein kleines, ruhig spielendes Kind täuschte Frieden vor«, beobachtet Nuch auf seinem Weg an die Front. Manchmal denke ich, wenn ich durch eine von den gutbürgerlichen Straßen von Berlin gehe, in der Yoga für Kinder in schicken Studios und Seifenblasenröhrchen für Erwachsene in edlen Boutiquen angeboten werden, dass wir eben jenes Frieden vortäuschende Kind sind, unwillig, erwachsen zu werden, nicht bereit, aus unserem Spiel aufzuschrecken und uns umzusehen. Denn es ist ja Unsinn oder einfach westliche Arroganz zu behaupten, wir lebten in einer Nachkriegszeit, auch wenn das eine Wendung ist, die ich selbst benutzt habe und der Einfachheit halber hin und wieder auch weiterhin für Europa benutze und hoffentlich benutzen kann.

Die Kongokriege, die von 1996 bis 2009 fast vier Millionen Menschen das Leben kosteten, haben in der europäischen Öffentlichkeit kaum Beachtung gefunden. Wo der Hindukusch liegt, weiß vielleicht auch nicht jeder sofort, aber das Wort ist doch schon einmal gehört worden, seitdem Deutschlands »Sicherheit nicht nur, aber auch am Hindukusch verteidigt« wird, so einstmals Peter Struck. Wo und wie wessen Sicherheit mit welcher Vehemenz verteidigt wird, war und bleibt fraglich. Ebenso fraglich aber ist, dass es keine einzige hörbare Aussage gab, die erklärte: Unsere wirtschaftlichen Interessen werden am Kivusee mit Massakern an der Zivilbevölkerung verteidigt. Kurz tauchte ein Mann namens Denis Mukwege in der europäischen Öffentlichkeit auf, als man ihm in Stockholm den Friedensnobelpreis verlieh für seinen ärztlichen Einsatz in der Kivu-Region, wo die Vergewaltigung von Frauen weiterhin eine gängige Kriegswaffe ist. Danach gab es wieder wichtigere Themen bei uns, Autokaufprämie, AKK beim Fasching, Gendersternchen oder doch keine.

Wenn all jene, die sich derzeit dafür oder dagegen einsetzen, dass wir mit einer politischen Sensibilität an die uns vererbte Sprache herangehen – was ich im Prinzip durchaus befürworte, nicht nur, weil auch ich nicht so gern völlig selbstverständlich als Weib bezeichnet werden möchte –, wenn all jene, die sich mit Verve für eine Veränderung des Sprachbewusstseins einsetzen oder jene, die umgekehrt energisch darauf bestehen, dass die deutsche Sprache doch bitte für immer so bleibe wie in ihrem Duden von 1996, wenn auch nur einige davon sich mit ebensolchem Elan für eine Veränderung der Verhältnisse stark machten, wären wir ein ganzes Stück weiter.

Es wäre absurd, als Schriftstellerin Sprache nicht ernst zu nehmen oder nichts auf ihre Wirkmacht zu geben. Dennoch fürchte ich, dass wir uns im Elfenbeinturm verlaufen, wenn wir glauben, mit Sprachsensibilisierung *allein* ließe sich alles lösen. Dass Pippi Langstrumpfs Vater mittlerweile beruflich als Südseekönig unterwegs ist, mag für den westlichen Diskurs wichtig sein, nur geht es eben nicht weit genug, wenn wir uns damit selbstgenügsam in unserer heilen Welt einfrieden. Es dürfte ostkongolesischen Milizionären ziemlich egal sein, was dieser gemütliche Schwede auf seinem Schiff so treibt, und auch die globalen Kobalt-Investoren interessieren sich eher dafür, was die Arbeiter aus den Minen um Bukavu herausholen, viele darunter Kinder. Jene, die nicht das Pech haben, als Kindersoldaten auf Drogen gesetzt zu werden, damit sie sich so übermenschlich stark fühlen wie Pippi und unverwundbar obendrein und man sie dann problemlos ins Gewehrfeuer hineinjagen kann.

Wo Bukavu überhaupt liegt, das interessiert in Europa nicht viele, obwohl ja von dort das Coltan kommt für unsere Laptops, Smartphones, Tablets und E-Reader, auf denen wir die neue Ausgabe von Pippi Langstrumpf auf der behaglichen Bettkante vorlesen, und das Coltan kommt von dort, aus den von kriegerischen Konflikten zerfressenen Regionen im Osten Kongos, zu einem so niedrigen Preis, dass er ohne die vom Westen tolerierte Destabilisierung der Region gar nicht denkbar wäre. Das ist Doppelmoral, und sie ist bequem. Falls wir mal von der gut behüteten Bettkante aus zu diesem großen Schlachtfeld hinübersehen, zu dem Schauplatz dessen, was nicht ohne Grund als »afrikanischer Weltkrieg« bezeichnet wird, wollen wir vielleicht nur Stammesfehden, Unterentwicklung, fehlende Bildung, kindlichen Aberglauben darin erkennen, im Prinzip all das, was in dem N-Wort steckt, das wir nicht mehr aussprechen, in dem wir aber doch noch häufiger, als wir uns gern eingestehen, denken. Das, was dort im Osten der Demokratischen Republik Kongo passiert, ist aber in keiner Weise unterentwickelt, es ist ein hochentwickeltes Krisenphänomen unserer kapitalistischen, segregierenden, aufgeklärten Gesellschaft.

»Congo heeft den strijd voortgezet«, ist auf einem belgischen Propagandaplakat aus dem Ersten Weltkrieg zu lesen, »Kongo hat den Kampf fortgesetzt«, darunter Bilder all der Rohstoffe, ohne die weder der Erste noch der Zweite Weltkrieg mit jener kontinuierlichen Zerstörung hätten geschehen können: Gummi für Gasmasken und Autoreifen, Kupfer und Zink für Patronenhülsen, Kobalt und Titanium für Geschütze, Zinn und Kobalt für den Funkverkehr.

Wie lange zurück diese Verkettung von kriegerischen Konflikten und Ressourcenausbeutung, von einseitigen Lieferketten und tolerierter, wenn nicht gewollter Verelendung ganzer Landstriche und ihrer Bewohner zurückreicht, können wir bei Joseph Conrad nachlesen ebenso wie bei Fiston Mwanza Mujila oder In Koli Jean Bofane. Was zwischen 1914 und 1945 geschah, dieser Weltbrand, der die dunkelsten Visionen menschlicher Selbstauslöschung in die Realität holte, hat eben auch mit dem ausbeuterischen Verhältnis Europas zu seinem Nachbarkontinent Afrika zu tun. Ohne die Bodenschätze des Kongo wäre Europa nicht in der Lage gewesen, über Jahre, Jahrzehnte einen Krieg aufrechtzuerhalten, in dem es um eitle Vormachtstellungen innerhalb einer als weiß und zivilisiert gedachten Welt ging, so unglaublich kultiviert, dass man das Barbarische, also das Andere, gern auch mal zu Operettenmusik hinmetzelte. Es mag sein, dass ein Gedicht von Hölderlin, das ein Soldat im Schützengraben las, ihm Halt oder auch Trost gegeben hat. Verhindert hat kein Gedicht von Hölderlin den Krieg.

»Wieviel Tote soll die Erde denn noch schlucken?« Diese Frage wird, um an bitterer Deutlichkeit nicht zu sparen, in Lehmanns Roman noch vor der Frontreise des Protagonisten gestellt. Wieder ist jemand gefallen. Wieder. Die Erde schluckt und schluckt. Wüssten wir – die wir mit hundert Jahren Abstand eine Ahnung davon haben, wie viele es noch sein werden – wüssten wir, wie wir ihm diese Frage beantworten sollten?

»Erhaben ist es und ehrenvoll, für das Vaterland zu sterben« steht auf einem frisch gegossenen Denkmalblock, eine in Zement gesetzte Lüge, an der ein verirrter Hase vorbeistiebt. Kurz öffnet sich eine friedliche Szenerie vor der Kulisse starrer Kriegspropaganda. »Gestern waren hier drei Füchse, haben sich wohl Karnickel geholt«, kommentiert der Unteroffizier.

Ich zweifle, ob Bücher Kriege verhindern, auch wenn sie uns, wie der Roman Lehmanns, die sinnlosen Schrecken, die unwirtliche todgebärende Kulisse des Krieges so eindringlich vor Augen führen. Ich zweifle, ob die Kultur uns per se zu etwas moralisch Besserem macht – zu viele Gegenbeispiele wären zu nennen.

Was Literatur aber kann, ist, uns eine Erinnerung wachzuhalten, uns ein Bewusstsein für eine Lebensrealität zu schaffen, die nicht unsere ist und ja doch unsere sein könnte, wären nur ein paar Dinge in unserem Leben anders verlaufen, das Jahr oder der Ort unserer Geburt zum Beispiel, eine Erinnerung an etwas, das einhundert Jahre oder eintausend Kilometer entfernt liegt. Was Literatur kann, ist, uns mit aller Deutlichkeit darauf hinweisen, dass wir den Frieden nur vortäuschen und allzu oft den Krieg, der nicht in unsere Kinderzimmer hineinreicht, gleichgültig hinnehmen. Wie lange dauert Erinnerung? So lange, wie jemand davon spricht. So lange, wie etwas noch zur Sprache gebracht wird. So lange, wie es in unserer Vorstellung Platz erhält. Als Ermutigung, unbequeme Erinnerungen weiter zur Sprache zu bringen, sehe ich den Lehmann-Preis, für den ich Ihnen sehr danken möchte.

Beiträge

Dirk Schmid
»Natura sequitur fictionem«

Zu Bedeutung und Tragweite einer poetologischen Formel für
das Wirklichkeitsverständnis Wilhelm Lehmanns[1]

I.

Wer an der Eckernförder Jungmannschule, an der (bzw. deren Vorgän-
gerin) Wilhelm Lehmann von 1923 bis zu seiner Pensionierung im
Frühjahr 1947 als Lehrer wirkte,[2] Jahrzehnte später, so wie ich, durch die
harte Lateinschule eines Hermann Bickel gegangen ist, der wird, wenn
man ihm, und sei es auch mitten in der Nacht aus dem Schlaf gerissen,
wie einen Befehl ein »sequi!« entgegenschleudert, ›wie aus der Pistole
geschossen‹ entgegnen: »sequor, secutus sum – folgen«, und ihm wird,
leicht verzögert höchstens durch das noch schlaftrunkene Hirn, einfal-
len, dass dieses Verb im Lateinischen nicht wie im Deutschen den Dativ
bei sich führt, sondern ›den Akkusativ regiert‹: »sequi aliquam rem –
einer Sache folgen«. (Dass es sich bei »sequi« um ein sogenanntes *Depo-
nens* handelt, also eines jener seltsamen lateinischen Verben, die ausse-
hen, als seien sie passiv, aber doch aktive Bedeutung haben, ist für einen
Bickel-Schüler gar nicht erst der Rede wert.) *Natura sequitur fictionem*
– das also heißt: Die Natur folgt der Fiktion. – Wie bitte? Die Natur
folgt der Fiktion? Nicht umgekehrt? – Nicht umgekehrt!

Das jedenfalls lässt Wilhelm Lehmann in seinem ›Jungmannschul-
roman‹ *Der Provinzlärm* in einer Art inneren Monologs den Lehrer Asbahr behaupten: »Natura sequitur fictionem.« (GW 4, 197) Nun ist Asbahr nicht irgendwer in diesem Roman, sondern dessen weitgehend
perspektivisches Zentrum und Alter Ego seines Autors – die Figur trägt
ganz deutlich autobiographische Züge des Verfassers.[3] Schon das legt die
Annahme nahe, Lehmann habe ihr hier nichts völlig Abwegiges, Un-
haltbares, kein dummes Zeug unterschieben wollen. Und in der Tat: Wer
sich in das theoretische Werk Lehmanns, seine Poetologie, vertieft, für
den kann kein Zweifel bestehen, dass sich in dieser prägnanten Formel
Natura sequitur fictionem Lehmanns eigene Auffassung ausspricht.

Das notiert, völlig zu Recht, auch schon der Kommentar der *Gesammelten Werke* zur Stelle aus dem *Provinzlärm*. Indes dürfte die dort geäußerte Vermutung, es handele sich wahrscheinlich um eine »von Lehmann selbstgeschaffene Latinisierung seines dichterischen Selbstverständnisses« (GW 4, 303), nicht ganz ins Schwarze treffen. Vielmehr liegt mit hoher Wahrscheinlichkeit eine Anspielung auf eine Stelle aus Jean Pauls *Der Komet* vor:[4] »[...] ich werde mein Ziel erreichen, wenn ich die historischen Wahrheiten dieser Geschichte so zu stellen weiß, daß sie dem Leser als glückliche Dichtungen erscheinen, und daß folglich, erhoben über die juristische Regel fictio sequitur naturam (die Erdichtung oder der Schein richtet sich nach der Natur), hier umgekehrt die Natur oder die Geschichte sich ganz nach der Erdichtung richtet, und also auf Latein natura fictionem sequatur.«[5] Jean Paul, ohnehin ein von Lehmann viel gelesener und hoch geschätzter Autor,[6] spielt für Asbahr auch an anderer Stelle im *Provinzlärm* eine Rolle: Vom Schuldirektor Lupinus dazu aufgefordert, findet sich Asbahr vor die Aufgabe gestellt, in der Lehrerkonferenz vor dem versammelten Kollegium ein Referat über Stilfragen zu halten. Einen Tag nach vollbrachter Tat gesteht er dem ihm vertrauten Kollegen Felfer, alles, was er auf der Konferenz vorgetragen habe, habe er aus Jean Pauls *Vorschule der Ästhetik*[7] abgeschrieben (vgl. GW 4, S. 103–110, bes. 110).

Was aber besagt nun die Formel *Natura sequitur fictionem*? Ihre Bedeutung erhellt zunächst vor allem aus der in ihr implizierten Verneinung, also aus dem, *wogegen* sie sich wendet. Das ist die klassische, von der griechisch-römischen Antike bis weit in die Neuzeit vor- und beherrschende *mimetische* Auffassung der Kunst: Die Kunst sei Nachahmung, griechisch: Mimesis, der Natur.[8] Ein solches mimetisches Verhältnis von Kunst und Natur verneint die Lehmann-Asbahr'sche Formel, kehrt sie in ihr Gegenteil um und verschärft sie vielleicht sogar noch vom (möglicherweise) weicheren *Nachahmen* zum (möglicherweise) strengeren *Folgen, Befolgen, Gehorchen, Sich-richten-nach*.

Nun hat die Mimesistheorie der Kunst ihre eigene, höchst komplexe Problemgeschichte.[9] Im Verlauf dieser Geschichte ist vor allem dasjenige, *was* die Kunst nachahmen soll, nämlich *die Natur*, ganz unterschiedlich bestimmt und verstanden worden. Platon und der von ihm ausgehende Platonismus etwa meinten damit die wahre Natur der Dinge, ihr Wesen, ihre Idee, und die Aufgabe der Kunst bestand für sie darin, ein wahreres, besseres, schöneres Abbild dieser idealen Wirklichkeit anzustreben, als es die vorfindlichen Dinge der Sinnenwelt sind und je sein können. Auch Aristoteles verstand Kunst nicht als Nachahmung der fertigen Dinge der Natur, sondern als Nachahmung der *Schaffenskraft* der Physis, verstand Natur also – um eine prominente Unterscheidung des Spinoza anzuführen – nicht als *natura naturata*, sondern als *natura naturans*, nicht als geschaffene, sondern als schaffende Natur.

Es wäre reizvoll und möglicherweise auch erhellend, der Frage nachzugehen, ob oder inwiefern man der Formel *Natura sequitur fictionem* als Verneinung auch *dieser*, platonischen oder aristotelischen, Auffassung von Kunst und Natur einen erkennbaren Sinn in und für Lehmanns Werk abgewinnen könnte. Allein das soll an dieser Stelle unterbleiben. Stattdessen will ich die Formel auf das uns allen geläufige, einfache Verständnis von Natur beziehen, wonach sie so etwas wie der Inbegriff der sinnlichen Gegenstände, sofern sie nicht vom Menschen produziert sind, ist oder, noch einfacher, die vor- und nichtmenschliche äußere Wirklichkeit bezeichnet. Dieses Naturverständnis entspricht nicht nur weitgehend unserem heutigen Alltagsbewusstsein, es hat im Laufe der neuzeitlichen Entwicklung auch immer stärker in die ästhetische Theorie der Mimesis Einzug gehalten und dürfte auch schon den Hintergrund für Jean Pauls oben zitierte Formulierung gebildet haben; ganz deutlich liegt es über weite Strecken den Vorlesungen über die Ästhetik zu Grunde, die Hegel in den 1820er Jahren in Berlin gehalten hat.[10]

Setzt man dieses Verständnis von Natur voraus, dann wird die Formel *Natura sequitur fictionem* nur umso anstößiger: Die Natur, die nichtmenschliche äußere Wirklichkeit, die Gegenstände der Sinnenwelt – sie sollen der Fiktion folgen? Kann Lehmann das tatsächlich gemeint haben? Und kann es ihm ernst damit gewesen sein? Ich meine: ja, und will das durch Erinnerung an einige markante Formulierungen aus Lehmanns essayistisch-poetologischem Werk zu dokumentieren versuchen. Dabei wird sich dann zugleich ergeben, welcher Sinn sich mit seiner Behauptung verbinden lässt.

II.

Die am weitesten gehende und in ihrer Radikalität, soweit ich sehe, nirgends überbotene Formulierung findet sich in dem Interview, das Siegfried Lenz 1962 im Auftrag des Norddeutschen Rundfunks anlässlich

33

des 80. Geburtstags mit Lehmann geführt hat.[11] Auf den von Lehmann selbst beigebrachten Einwand Jules Renards, »wozu die Dryade, der Baum als solcher genügt!«, erwidert Lehmann: »Aber die Dryade ist genauso ein Geschöpf der schöpferischen Phantasie wie *der Baum selbst*« (GW 8, 599 Hervorhebung DS). Bei der Dryade, griechisch Dryás, handelt es sich um eine Baumnymphe. Dass von *ihr* gilt, sie sei ein Geschöpf der Phantasie, scheint trivial, und gerne sind wir für ihren Fall bereit zuzugestehen: Natura sequitur fictionem. Dass dies aber auch vom Baum selbst gelten soll, widerspricht dem Alltagsbewusstsein – und ist doch zweifellos das, was Lehmann hier behauptet. Und er liefert gleich noch eine interessante Näherbestimmung dessen, was in der Formel *Natura sequitur fictionem* unter *fictio* verstanden werden kann: die *schöpferische Phantasie*; also nicht allein das Fingierte, sondern das Fingierende, die Kraft der Fiktion oder, um hier schon auf einen theoriegeschichtlich prominenten Begriff hinzuweisen, die *Einbildungskraft*.

Das Besondere dieser Äußerung Lehmanns aus dem Gespräch mit Siegfried Lenz besteht in der schlechthinnigen Allgemeinheit, mit der Lehmann hier die Abhängigkeit eines Gegenstandes der Sinnenwelt (Baum) von der Produktivität der Fiktion, Phantasie, Einbildungskraft behauptet. Eine solche behauptete Allgemeinheit findet sich sonst, wenn ich nichts übersehen habe, nur noch an einer weiteren Stelle, nämlich im *Bukolischen Tagebuch* vom 12. April 1928. Dort heißt es kurz und kategorisch: »Ohne die Phantasie gibt es keine Wirklichkeit.« (GW 8, 202) An Allgemeinheit übertrifft diese Stelle die vorige insoweit noch, als hier nicht mehr exemplarisch von Baum und Dryade, sondern schlicht von Wirklichkeit die Rede ist. Indes bleibt sie in anderer Hinsicht gegenüber der vorigen an Eindeutigkeit zurück: Sie behauptet zwar eine offensichtlich konstitutive Rolle der Phantasie für das Gegebensein von Wirklichkeit, lässt aber offen, worin genau diese Rolle besteht, während vorher das Verhältnis von Phantasie und Wirklichkeit klar und unmissverständlich als das von Schöpferin und Geschöpf bestimmt ist.[12]

Dem generalisierenden Charakter der beiden bislang zitierten Stellen gegenüber bewegen sich die im Folgenden herangezogenen Äußerungen im engeren Rahmen von Überlegungen zu Aufgabe, Wesen und Prozess der Dichtung. »Dichtung«, so Lehmann in einem Rundfunkinterview von 1966, »ist *Dingwerdung*« (GW 8, 607 Hervorhebung DS). Das heißt doch: Es *wird* etwas, was vorher – ohne die Dichtung – nicht oder mindestens *so* nicht da war. Es ist ein Produkt, eine *Folge* der Dichtung.

Lateinisch: Res sequitur fictionem. Ganz ähnlich formuliert Lehmann in einem Aufsatz aus den 1950er Jahren, die »Aufgabe des Gedichts« sei es, »*Wirklichkeit zu konstituieren*« (GW 6, 253 Hervorhebung DS). Auch hier ist Wirklichkeit offensichtlich nicht etwas, was einfach für sich besteht, sondern im Gedicht allererst konstituiert wird, also das Resultat eines Konstitutionsprozesses. Der Dichter, so in einem *Wort in der Akademie* von 1950 – es handelt sich um die Deutsche Akademie für Sprache und Dichtung Darmstadt –[13] *erzeuge* erst das Material, mit dem er als Dichter arbeite (vgl. GW 6, 238).[14] Und noch einmal anders: Der Dichter »konstatiert« die Wahrheit nicht, »er *schafft* sie« (GW 8, S. 548 Hervorhebung DS; ähnlich auch GW 6, 299f). Und weiter: Nur wenn man Kunst, Dichtung, Fiktion nicht so versteht, dass sie das getreue Abbild einer von ihr unabhängig existierenden, für sich bestehenden Natur, Wirklichkeit oder Wahrheit ist, wird erklärlich, wieso Lehmann zur Charakterisierung des gelungenen lyrischen Prozesses das Johannesevangelium zitieren kann (vgl. GW 6, 283. 418; GW 8, 567f): »Das Wort ward Fleisch.« (Joh 1,14) Andernfalls – der sozusagen naiven Mimesisauffassung der Kunst gemäß – müsste es nämlich heißen: Das Fleisch – die sinnliche Wirklichkeit – wird Wort! Weil das aber für Lehmann gerade nicht so ist, gilt die Johanneische Umkehrung »Das Wort ward Fleisch«! Und deshalb gilt für das dichterische Wort, die Sprache: »Dichterische Sprache rapportiert nicht, sie photographiert nicht, sie käut nicht wieder. Sie geschieht, indem sie Tatbestände zu einer zweiten Wirklichkeit auferstehen läßt, sie wächst im *Aufbauen dieser Tatbestände*.« (GW 8, 567 Hervorhebung DS; ähnlich auch GW 6, 250) Deutlich erkennbar ist auch hier die Abhängigkeit der Tatbestände von einer *Konstruktion*, einer *aufbauenden* Tätigkeit durch die Sprache.

III.

Man sieht: Es gibt gute Belege in Lehmanns essayistisch-poetologischem Werk dafür, die Formel *Natura sequitur fictionem* als Ausdruck seines eigenen dichterischen Selbstverständnisses zu verstehen, ja – nimmt man die zuerst herangezogene Stelle über Dryade und Baum ernst – seines *Wirklichkeitsverständnisses* überhaupt anzusehen; und dafür, dass es ihm durchaus ernst mit dieser Behauptung gewesen sein muss.

Nun haben einige der von mir beigebrachten Formulierungen Lehmanns noch eine andere Bedeutungskomponente, die hier durchaus nicht unterschlagen werden soll. Sie stehen nämlich im Kontext seines Kampfes gegen den – wie es der Titel eines Essays von 1952 sagt – *Verlust der Wirklichkeit* (GW 6, 250), den Lehmann als einen beherrschenden Zug der modernen Zivilisation und Kultur diagnostizieren zu können glaubte. Dem Wirklichkeitsverlust steht die Tendenz einer zunehmenden begrifflichen, theoretischen und technisch-naturwissenschaftlichen Abstraktion gegenüber. Vor diesem Horizont kann und muss man Lehmanns Äußerungen noch einmal anders betonen, nämlich so: »Dichtung« ist »*Ding*werdung«, d. h. »Vernichtung der Begrifflichkeit« (GW 8, 607). Oder: »Die Aufgabe des Gedichts« besteht darin, »*Wirklichkeit* zu konstituieren« (GW 6, 253, alle Hervorhebungen DS). Allein: Auch dann ist und bleibt das Resultat, das Ding oder die Wirklichkeit, ein Produkt des Dichters, nicht der Natur und kann deshalb auch nicht einfach identisch sein mit einer kruden, vor- und außerpoetischen, sozusagen vollkommen Subjekt-freien ›Wirklichkeit‹ oder ›Natur‹.

Dass auch und gerade für das intendierte Ziel einer Dingwerdung im und durch das Gedicht die Produktivität der Subjektivität konstitutiv und unhintergehbar ist, weiß Lehmann genau: »Gegen den Enthusiasten der reinen Reflexion, den Entwirklicher, bleibt die dickichtbestandene Welt das Ziel des Künstlers.« Nota bene: das Ziel – nicht der selbstverständliche Ausgangspunkt! Lehmann fährt fort: »Er besät die Kahlschläge gleich wieder mit Wirklichkeit. Dazu braucht er seine Subjektivität. Die Subjektivität des modernen Menschen kann seit der Romantik nicht mehr zurückgenommen werden. *Welt* ist zu etwas geworden, *das zu seiner Verwirklichung unseres Subjektes bedarf.*« (GW 7, 234, Hervorhebung DS) Wenn und insofern für diese Subjektivität die *Phantasie* – wir erinnern uns: die die Dryade wie den Baum schöpferisch hervorbringt (vgl. GW 8, 599) –, die Einbildungskraft oder Fiktion, wesentlich ist, kann dann also gelten: *Mundus sequitur fictionem.*

Ist einerseits das intendierte Ziel des Gedichts oder des Dichters die *Ding*werdung, *Wirklichkeit* zu konstituieren, lässt aber andererseits Dichtung allererst Dinge *werden*, Wirklichkeit *konstituieren*, wie wäre dann das Wesen des gelungenen Gedichts zu beschreiben? »Sein Geheimnis«, so Lehmann, »daß es den Schein von Natur gewähre, verbirgt das Gedicht in sich.« (GW 6, 270f, Hervorhebung DS).[15] Das ist gelungene

Dingwerdung im und durch das Gedicht: Es gewährt *den Schein von Natur* und *verbirgt* doch zugleich, dass es dies tut. Es produziert ›Natur‹, als hätte es sie lediglich reproduziert. *Natura sequitur fictionem*, als ob das Gegenteil, *fictio sequitur naturam*, gälte. Das Entscheidende aber bleibt: Das Gedicht gewährt nur *den Schein* der Natur, denn genau so und darin *folgt* die Natur der Fiktion!

IV.

Wer den bisherigen Ausführungen aufmerksam gefolgt ist, wird vielleicht vorhin an einer Stelle kurz gestockt haben, als ich nämlich Lehmann zitiert habe mit der Aussage, die dichterische Sprache geschehe, »indem sie Tatbestände zu einer zweiten Wirklichkeit auferstehen« lasse (GW 8, S. 567). *Zweite Wirklichkeit* setzt doch eine *erste* voraus, eine, die offensichtlich der poetisierten, der in dichterische Sprache verwandelten Wirklichkeit vorausgeht. Und mag die Dichtung noch so sehr im »*Aufbauen* dieser Tatbestände« begriffen sein, so kommen »*Tatbestände*« offensichtlich auch vor ihr und ohne sie vor (ebd., Hervorhebung DS). Ein solches der Fiktion oder Einbildungskraft gegenüber vorgängiges Moment ist in Lehmanns Gesamtwerk, seinem theoretisch-essayistischen ebenso wie seinem epischen und lyrischen, gut und breit bezeugt, und es käme einem interpretatorischen Himmelfahrtskommando gleich, dies zugunsten eines reinen Konstitutionsabsolutismus menschlicher Subjektivität und Einbildungskraft leugnen zu wollen. Bei diesem Moment geht es zentral um Rolle und Bedeutung der *Sinnlichkeit*. Ich beschränke mich hier auf zwei markante Äußerungen Lehmanns.

»Meine Dichtung«, formuliert Lehmann 1966, »entsteht unter dem *Eindruck der sinnlichen Erscheinungen* dieser Welt. Das Thema meines dichterischen Tuns ist die äußere Welt. Ich kann ihr nicht genug *zusehen*.« (GW 8, 605 Hervorhebung DS) Und: »Alle meine Arbeiten«, so Lehmann in einem Aufsatz von 1960, »sind unter freiem Himmel entstanden. Meine Gedichte zumal sind Ergebnisse fleißiger Füße und emsiger Augen, *der Sinne* überhaupt. Tatsache und Beweggrund meines über die Dichtung verbrachten Lebens sind *die Phänomene des natürlichen Daseins* in ihrer konkreten Weise. *Die Erscheinungen* – Felder, Weite, Horizont, Gewässer, Landschaften, Nähe der Bäume, Pflanzen und Tiere, der Mensch als ein Wesen unter Wesen, nicht ihr Vormund –

überfallen mich, ich handle zurück mit *Empfindung*, die so stark drängt, daß ich sie mit Sprache befestigen muß. Dieses Tun ist *meiner Konstitution* anbefohlen, ich habe den Befehl befolgt.« (GW 8, 163f Hervorhebung DS) Diese Formulierung scheint Lehmann so wichtig und gelungen, dass er sie ein Jahr später in seiner Poetikvorlesung an der Münchener Universität nahezu wörtlich wiederholt (vgl. GW 7, 237f).

So unbezweifelbar solche Äußerungen Lehmanns, denen sich, wie angedeutet, weitere ähnliche an die Seite stellen ließen, abheben auf eine der produktiven Verarbeitung durch Einbildungskraft und Fiktion vorgängige Ebene der durch unsere Sinnesorgane vermittelten Erschließung von Tatbeständen, Phänomenen oder Erscheinungen, so wenig können doch auch sie für die Behauptung eines naiven, völlig unmittelbaren und gänzlich subjektivitätsfreien Zuganges zu Natur, Welt, Wirklichkeit oder ähnlich in Anspruch genommen werden. Liest man die zitierten Auslassungen genau, so entdeckt man vielmehr Indizien für eine differenzierte und reflektierte Auffassung auch noch scheinbar *unmittelbarer* Sinnlichkeit: Es geht um einen *Eindruck*, nicht um unmittelbare Gegenstandsbezogenheit – und der Eindruck, so möchte man sogleich hinzufügen, mag durchaus ein anderer sein, je nachdem ob ein Biologe, ein Chemiker, ein Physiker, ein Landwirt, ein Spaziergänger oder eben ein Poet von ihm getroffen ist; es geht um *Erscheinungen* oder *Phänomene*, was – im Gegensatz zu Dingen – allemal eine Instanz impliziert, *der* etwas erscheint; es geht um *Empfindung* – schon in sich subjektbezogen! – als Re-aktion, also als Tat und als Moment einer Wechselwirkung, nicht einer rein passiv konzipierten Rezeptivität; es geht schließlich um *Lehmanns Konstitution*, also eine durchaus *subjektive*, sogar *individuell*-subjektive Bedingung.

Diese relativierenden Hinweise darauf, dass auch noch die elementaren Vorgänge sinnlicher Erschlossenheit von Tatbeständen und Erscheinungen in verschiedener Hinsicht subjektgeprägt sind und deshalb keinen Fall eines unmittelbaren Abbildungsverhältnisses darstellen, in dem die Sinnenwahrnehmung einfach und unvermittelt der äußeren Natur folgt, – diese relativierenden Hinweise sollen – ich wiederhole mich da gerne – in keiner Weise die fundamentale Bedeutung der Sinnlichkeit für Lehmanns Wirklichkeitsverständnis bestreiten. Sie sollen dieses Verständnis nur vom falschen Schein einer Naivität befreien, einer Naivität, mit der dann der Satz *Natura sequitur fictionem* nicht mehr in Einklang zu bringen wäre.

V.

Wo stehen wir? Offensichtlich vertritt Lehmann eine Auffassung, der zufolge Wirklichkeit oder Natur das Resultat eines Konstitutionsprozesses ist, an dem zwei unterscheidbare Momente beteiligt sind: zum einen menschliche Subjektivität, Phantasie, Fiktion, Einbildungskraft, denen eine unverzichtbare und unhintergehbare produktive Rolle zukommt; zum anderen menschliche Sinnlichkeit, über die Sinne vermittelte Eindrücke.[16] Beide Momente gehen in das Resultat des Konstitutionsprozesses ein: Ist der Baum (wie die Dryade) ein Geschöpf der Phantasie, so ist er doch kein *reines* Geschöpf der Phantasie. Vielmehr verarbeitet sie bestimmte sinnliche Daten und Eindrücke zum Bild eines Gegenstandes ›Baum‹ (oder ›Dryade‹). Das, was der Fiktion, der Einbildungskraft, folgt, ist kein reines, leeres Nichts, und die Einbildungskraft schafft nicht aus dem Nichts oder im strengen Sinne ausschließlich aus sich selbst. Umgekehrt aber liefern die Sinne nicht schon den fertigen Gegenstand – so jedenfalls muss man Lehmanns Rekurs auf die Sinnlichkeit einschränken, soll die Formel *Natura sequitur fictionem* Bestand haben können. Denn die Aussage, der Baum (wie die Dryade) sei ein Geschöpf der Phantasie, wäre sonst sinnlos. Aber lässt sich dieser Aussage denn auch positiv überhaupt ein nachvollziehbarer Sinn abgewinnen?

Wenn mich nicht alles täuscht, vertritt Lehmann insgesamt eine Auffassung, die erstaunliche, aber ganz offensichtliche Parallelen zu der Theorie aufweist, die Immanuel Kant in seiner *Kritik der reinen Vernunft* entwickelt hat.[17] Das betrifft ganz grundsätzlich schon die grundlegende Zweipoligkeit von Sinnlichkeit und Phantasie, die in der berühmten und für Kants erkenntnistheoretisches Konzept fundamentalen Behauptung einer *Zweistämmigkeit* der Erkenntnis von *Sinnlichkeit* und *Verstand* ihre Entsprechung hat.[18] Das betrifft dann aber im Besonderen gerade die Funktion der *Einbildungskraft*: Dass ein Baum (wie eine Dryade) *ihr* Geschöpf ist, lässt sich mit Hilfe der Theorie der Einbildungskraft aus Kants *Kritik der reinen Vernunft* verständlich machen.[19]

Einsetzen müssen wir dazu bei den Überlegungen Kants, dass schon die einfache Erkenntnis eines sinnlichen präsenten Gegenstands das Resultat einer Koproduktion von Sinnlichkeit und Verstand oder Denken ist.[20] Das besondere Interesse Kants liegt darin, zu zeigen, dass ein rein sensualistischer Ansatz wie der John Lockes oder ein rein empiristischer wie der David Humes nicht in der Lage sind, sinnliche Wahrnehmungen oder Erfahrungen als Wahrnehmungen oder Erfahrungen eines Gegenstandes auszuweisen, der gegenüber den subjektiven Wahrnehmungen und Erfahrungen selbständig sein soll. Wohlgemerkt: Kant will eine solche Selbständigkeit des Gegenstands, von der unser Alltagsbewusstsein ebenso wie die empirischen Naturwissenschaften ganz selbstverständlich ausgehen, keineswegs bestreiten. Er bestreitet nur, dass die Annahme dieser Selbständigkeit auf Kredit der sinnlichen Anschauung besteht. Diese Annahme beruht vielmehr auf einer Leistung des Denkens oder des Verstandes: »Wenn ich alles *Denken* (durch Kategorien) aus einer empirischen Erkenntnis wegnehme, so bleibt gar keine Erkenntnis *irgend eines Gegenstandes* übrig; denn [...] bloße *Anschauung* [...] und, daß diese *Affektion der Sinnlichkeit* in mir ist, macht gar keine *Beziehung* von dergleichen Vorstellung *auf irgend ein Objekt* aus.«[21] Die reine und unmittelbare Anschauung geht vielmehr ganz in ihrer subjektiven Zuständlichkeit auf. In einer sinnlichen Anschauung, sofern sie noch rein sinnlich ist und in ihr noch keine Gedankenschlüsse, keine logischen Operationen eingegangen sind, ist zwar »das Reale der Empfindung« für den Anschauenden präsent, aber »als bloß *subjektive* Vorstellung, von der man sich nur bewußt werden kann, daß das Subjekt affiziert sei«; sie enthält insofern lediglich »*die Materien* zu irgend einem Objekte«, nicht das Objekt, den Gegenstand selbst als Träger und gemeinsamen Inbegriff der sinnlich wahrnehmbaren Eigenschaften.[22] Dieser ist vielmehr ein Produkt des Denkens, des Verstandes. Er verdankt sich einer doppelten synthetischen Leistung des Verstandes, der dabei zum einen von der Kategorie der Einheit, zum anderen von der Kategorie Ursache/Wirkung Gebrauch macht: Ein Gegenstand »ist das, in dessen Begriff *das Mannigfaltige* einer gegebenen Anschauung *vereinigt* ist.«[23] Und die Vorstellung eines Gegenstandes, auf den sich die anschaulichen Gegebenheiten beziehen sollen, beruht auf einem logischen Schluss des Denkens von der *Wirkung*, dem sinnlichen Affiziertsein, auf den Gegenstand als dessen *Ursache*. »Das *Denken*«, so kann Kant in diesem Zusammenhang geradezu definitorisch sagen, »ist die Handlung, gegebene *Anschauung* auf einen *Gegenstand* zu beziehen.«[24]

Nun produziert aber das Denken, der Verstand, sofern es sich um Wahrnehmung eines sinnlich präsenten Gegenstands, eines Gegenstands möglicher Erfahrung also, handeln soll, keinen rein *gedanklichen* Gegenstand, keinen Begriff, keinen bloßen Gedanken, sondern eben einen *sinnlichen* Gegenstand, was – ist doch der Gegenstand nicht stricto sensu selber sinnlich – so viel heißt wie: die *Vorstellung* eines sinnlichen Gegenstandes. Aber eben die Vorstellung eines *sinnlichen* Gegenstandes, keinen Begriff oder bloßen Gedanken. Die synthetische Leistung des Denkens oder Verstandes ist hier also an die Fähigkeit gebunden, unmittelbar »eine Wirkung des Verstandes *auf die Sinnlichkeit*« auszuüben. Die vollbrachte Synthesis ist – »zum Unterschiede von der bloß intellektuellen Verbindung« – eine »*figürliche* Synthesis«. Diese figürliche Synthesis ist die Leistung eines ganz spezifischen menschlichen Vermögens, eben der *Einbildungskraft*. Das ganz und gar Besondere der Einbildungskraft besteht für Kant darin, dass sie ihrerseits Sinnlichkeit und Verstand verbindet, indem sie als Vermögen an beiden Anteil hat. Sie ist als Kraft der Synthesis »eine Ausübung der Spontaneität [...], welche« – wie der Verstand, das Denken – »*bestimmend*, und nicht, wie der Sinn, bloß *bestimmbar* ist.« Als solche ist sie eine Funktion des selbsttätigen, produktiven Denkens. Und sie gehört auf der anderen Seite, indem sie keine reinen Gedanken oder Begriffe produziert, sondern *Figuren*, sinnliche Gestalten, indem sie also »das Vermögen [ist], einen Gegenstand [...] *in der Anschauung* vorzustellen« und »alle unsere Anschauung sinnlich ist«, zur »Sinnlichkeit«.[25] »[...] an sich selbst ist die Synthesis der Einbildungskraft, obgleich« – als Leistung des Verstandes – »a priori ausgeübt, dennoch jederzeit *sinnlich*, weil sie das Mannigfaltige nur so verbindet, wie es uns *in der Anschauung erscheint*, [...].«[26] So ergibt sich für Kant das für unser unreflektiertes Alltagsbewusstsein erstaunliche Resultat, dass »die *Einbildungskraft* ein notwendiges Ingrediens *der Wahrnehmung selbst* sei«. Erstaunlich ist das für uns deshalb, weil wir gemeinhin glauben, »die Sinne lieferten uns nicht allein Eindrücke, sondern setzten solche auch so gar zusammen, und brächten Bilder der Gegenstände zuwege, wozu ohne Zweifel, außer der *Empfänglichkeit der Eindrücke*, noch etwas mehr, nämlich eine Funktion der *Synthesis* derselben erfordert wird«[27] – einer Synthesis eben, die nicht die *rein* intellektuelle des Verstandes, sondern die ebenso selbsttätig-produktive wie anschaulich-sinnliche der Einbildungskraft ist.

VI.

Kants Erkenntnistheorie in ihrem Zusammenspiel von sinnlicher Rezeptivität und intellektueller Spontaneität einschließlich ihrer skizzierten Auffassung von der konstitutiven vermittelnden Funktion der Einbildungskraft bietet, meine ich, einen geeigneten Interpretationsrahmen, innerhalb dessen Lehmanns eigene theoretische Andeutungen sich erschließen und in ihnen sich ein zusammenhängendes, in sich konsistentes Konzept abzeichnet. Was die Aussage, der Baum selbst sei ebenso ein Geschöpf der Phantasie wie die Dryade, meinen könnte, ist vor diesem Hintergrund nachvollziehbar.

Dass es grundsätzlich statthaft ist, Lehmann mit solchen tiefschürfenden philosophischen und erkenntnistheoretischen Überlegungen in Verbindung zu bringen und sie zu seinem Verständnis heranzuziehen, ließe sich ausführlicher mit Blick auf sein Studium, die Zusammensetzung seiner Bibliothek und seine nachweisbare Lektüre gut begründen.[28] Im gegenwärtigen Zusammenhang mag als Argument der Hinweis auf eine Äußerung aus Lehmanns Essay *Dichtung als Wahrheit*, ursprünglich 1958 publiziert (vgl. GW 6, 558), genügen. Dort schreibt Lehmann: »Das, was die Philosophie immer wieder zu fechten und niemals auszufechten treibt, zu fragen, ob die Welt als das Reich der Empfindbarkeit unabhängig von unsrer Auffassung bestehe oder nicht, ob sie unser Gegenstand oder unser Zustand sei, auszurechnen, falls jene Spaltung in Objekt und Subjekt zugegeben wird, wieviel der Zustand nehme, der Gegenstand gebe: all diese Gedankennöte spiegeln sich auch in der Dichtung.« (GW 6, 299)

Es muss freilich nicht die von mir referierte Theorie Kants im ganz engen und genauen Sinne sein, die man als gedanklichen Hintergrund für Lehmanns eigene Theoriebildung in Anschlag bringen kann. Im Blick auf Lehmann deshalb nicht, weil die präzise Bestimmung seines philosophisch-theoretischen Backgrounds ausführlicherer und genauerer Erörterung bedürfte; zudem wird man vermutlich mit einem gewissen Eklektizismus bei Lehmann rechnen müssen. Im Blick auf die Theorie der Einbildungskraft deshalb nicht, weil Kant mit ihr ausgesprochen erfolgreich und anregend gewesen ist, so dass es in der Zeit vor allem von Romantik und Deutschem Idealismus, aber durchaus bis hin zu Neukantianismus und Neoromantik noch des frühen 20. Jahrhunderts, zahlreiche Varianten und weiterentwickelte Modelle gegeben hat.[29] Schiller, Fichte, Schelling, Novalis, Friedrich Schlegel, Jean Paul – sie alle, um nur einige der Prominentesten zu nennen, zu denen sich Bezüge bei Lehmann finden lassen, haben Kants Theorie der produktiven Einbildungskraft in irgendeiner Weise aufgegriffen, modifiziert und weiterentwickelt.[30]

Andererseits spricht vielleicht auch nicht wirklich etwas *dagegen*, die angedeutete Rolle Kants als großer Anreger vielmehr gerade eher *dafür*, zumindest *auch* an Kant und seine Theorie zu denken, um das *Natura sequitur fictionem* bei Lehmann verständlich zu machen. Von einigen ihrer Variationen unterscheidet sich diese kantische Fassung nicht zuletzt dadurch, dass sie der *Sinnlichkeit* ihr eigenes und konstitutives Recht zukommen lässt. Es ist genau dieses Moment, das für Lehmanns eigenes Konzept eine tragende Rolle spielt und das er selbst ausdrücklich als Errungenschaft Kants zu würdigen weiß. In *Dichten und Denken* – man beachte schon den Titel! – aus dem Jahr 1960 heißt es dazu: »Kant gibt der menschlichen Erkenntnis zwei verschiedene Stämme: die Sinnlichkeit als das Vermögen, durch Rezeptivität Anschauungen zu haben, und das Denken als das Vermögen, durch Spontaneität Begriffe zu bilden. Den Satz der Leibniz-Wolffschen Philosophie, unsere Sinnlichkeit sei nur die verworrene Vorstellung der Dinge, erklärt er für falsch. Es ist einer der größten Triumphe seines sondernden Scharfsinns, daß er die Sinnlichkeit, sei sie Anschauung oder andere Empfindung, nicht als ein getrübtes Denken, als etwas bloß Negatives, sondern als eine eigene totale Sphäre erfaßt hat. Es gibt [...] kein besseres Mittel, die sinnliche Anschauung völlig unbegreiflich zu machen, als wenn man auf ihren Begriff verweist. Ihre Wahrheit besteht eben in ihrer Unbegrifflichkeit.« (GW 6, 484)

Diese Hochschätzung der Sinnlichkeit und Entdeckung ihrer erkenntnistheoretischen Autonomie führt ebenso wenig wie bei Kant auch bei Lehmann nicht dazu, das der Sinnlichkeit gegenüberstehende Moment, das Denken, den Verstand, das Kategorial-Begriffliche, in seiner ebenfalls konstitutiven Bedeutung zu verkennen oder gar zu verneinen. »Unsinnliches« trage vielmehr zum Entstehen der Gegenstände bei (GW 6, 289). Entsprechend kann Lehmann sich auch Kants Unterscheidung *und* Bezogenheit von sinnlicher Anschauung und Begriff – »Gedanken ohne Inhalt sind leer, Anschauungen ohne Begriffe sind blind«[31] – positiv zu Eigen machen (vgl. GW 6, 289. 485f). Und einem »noch sehr junge[n] Freund«, der ihm schreibt, ihm, dem jungen Freund, schwebe »»in der Theorie eine reine, sich aus sich selbst bildende Ordnung des Sinnlichen vor ohne Gedankenzutat oder Gedankenrest««, attestiert Lehmann, er begehre »Unmögliches«; denn: »Ohne eine ›Zutat‹ des Begrifflichen läßt sich schon ein bloßer Farbfleck nicht empfangen.« (GW 6, 334)

VII.

Es bleibt noch, eine Frage zu erörtern, die in Kants erkenntnistheoretischen Ausführungen der *Kritik der reinen Vernunft* keine Rolle spielt, die aber für das Verständnis des Poeten und Poetologen Lehmann von zentraler Bedeutung ist: Ist »die Dryade [...] genauso ein Geschöpf der schöpferischen Phantasie wie der Baum selbst« (GW 8, 599) – was bringt denn dann die Einbildungskraft dazu, das eine *oder* das andere zu produzieren, Dryade *oder* Baum? Waltet hier die reine Kontingenz, die blanke Willkür? Oder lassen sich, wenn nicht Ursachen, so doch Gründe oder jedenfalls Motive benennen, die vielleicht nicht lückenlos erklären, aber doch verständlich machen können, warum das eine oder das andere geschieht? Nimmt man die Dryade exemplarisch, dann geht es bei dieser Frage um nichts Geringeres als die Konstitution des spezifisch *poetischen Naturgegenstands* im Unterschied zum nicht-poetischen, der möglicherweise wieder in unterschiedlichen Variationen auftritt, etwa als Gegenstand des naiven Alltagsbewusstseins oder der – biologischen, chemischen oder physikalischen – Naturwissenschaft oder Gegenstand noch ganz anderer Perspektiven. Eine vollständige, alle Aspekte umfassende Rekonstruktion dieser Konstitution des poetischen Naturgegenstandes bei Wilhelm Lehmann kann ich hier selbstverständlich nicht leisten. Ich will aber versuchen, jedenfalls den Ansatzpunkt zu identifizieren, an dem die entscheidende Weichenstellung stattfindet.

Ist der Baum wie die Dryade kein Produkt der Sinne, sondern das Resultat der Verarbeitung von Sinnesdaten, ergeben sich zwei verschiedene Ebenen, auf denen mögliche Gründe oder Motive zu verorten wären, die über die Art der Vergegenständlichung entscheiden: die Ebene der produktiven Verarbeitung oder die Ebene der zu verarbeitenden Sinnesdaten. Will man die Weichenstellung zwischen beiden Weisen der Vergegenständlichung auf der Ebene der produktiven Verarbeitung, also auf der Ebene der Einbildungskraft selbst, suchen und dabei daran festhalten, dass es sich nicht um zwei verschiedene Vermögen, sondern um ein und dieselbe Einbildungskraft handelt, die dafür verantwortlich zeichnet, dann kann man die Differenz nur in eine unterschiedlich große oder kleine Macht der Einbildungskraft setzen, also nur in eine verschiedene Quantität, nicht eine andere Qualität. Der Dichter oder Künstler allgemein zeichnete sich dann gegenüber den anderen Menschen durch ein besonders großes Maß an Einbildungskraft aus. Um als

Versuch gelten zu können, die beiden verschiedenen Weisen der Vergegenständlichung als Baum oder Dryade verständlich zu machen, muss man dabei unterstellen, dass der Weg von den Sinnesdaten zum Gegenstand ›Baum‹ kürzer ist, deshalb ein geringeres Maß an Einbildungskraft erforderlich macht, als der Weg von den Sinnesdaten zur ›Dryade‹.

Wenn ich recht sehe und Lehmann richtig verstehe, ist das nicht vornehmlich seine Lösung. Vielmehr ereignet sich für ihn die entscheidende Weichenstellung bereits auf der Ebene der zu verarbeitenden Sinnesdaten: Ob die Phantasie den Gegenstand ›Baum‹ oder den Gegenstand ›Dryade‹ erzeugt, liegt am unterschiedlichen Datenmaterial, das die Phantasie zum Gegenstand verarbeitet. Wir sind damit an das gewiesen, was ich oben (IV.) pauschal als das Moment der *Sinnlichkeit* bei Lehmann identifiziert habe. Und wir hatten in diesem Zusammenhang schon gesehen, dass es sich dabei keineswegs um eine rein abbildende Rezeptivität handelt, sondern ihrerseits bereits um eine Komplexität aus passiven und aktiven, von objektiven und subjektiven Momenten und Faktoren. Sinnlichkeit umfasst bei Lehmann nicht nur im engen Sinne rein physische Eigenschaftswahrnehmungen, sondern auch Eindrücke und dadurch ausgelöste Empfindungen (vgl. vor allem GW 6, 484). Mit Blick auf Kant könnte man sagen: Lehmann vereinigt in seinem Verständnis von Sinnlichkeit die beiden Aspekte, die Kant an ihr in zwei unterschiedlichen Zusammenhängen thematisiert: einerseits in seiner zweistämmigen Erkenntnistheorie innerhalb der Transzendentalen Ästhetik der *Kritik der reinen Vernunft* und andererseits in seiner Theorie nicht-begrifflicher, gefühlsmäßiger Urteile innerhalb der *Kritik der – ästhetischen – Urteilskraft*. Beides gehört für Lehmann zur Sinnlichkeit.

Es sind nicht die rein physischen Eigenschaftswahrnehmungen, sondern die ihnen inhärierenden *Eindrücke und Empfindungen*, die die Einbildungskraft auf den Weg spezifisch poetischer Vergegenständlichung bringen, sie sozusagen Richtung ›Dryade‹ motivieren: »*Entzücken*« und »*Bewunderung*« stehen am Anfang der *Entstehung eines Gedichts* – so der Titel des Essays von 1943 – (GW 6, 223; vgl. auch 378); »*[v]erzücktem* Hinsehen entspringt mein Gedicht« (GW 6, 342); »*hingerissener Blick*« dringe in der Kunst »auf die Erscheinungen ein und stellt ihre *geheimnisvolle* Wirklichkeit dar« (GW 6, 485); den Dichter Lehmann dränge »ein *Zauber*«, der den Dingen innewohne, »*Inbrunst gegenüber der Verzauberung*« (GW 8, 613); »*Andacht* vor den Wesen« bestimmt den »Antrieb« seiner dichterischen Produktion (GW 8, 605; alle Hervorhebungen DS). Die Reihe ähnlicher Formulierungen ließe sich vermehren.

Dieser Eindrucks- und Empfindungsüberschuss geht in die Vergegenständlichung der produktiven Einbildungskraft ein, wenn sie statt des Baums die Dryade schafft; wenn die Bauersfrau, die die Rinder den Redder entlang lenkt, als »Demeter« erscheint – so im Gedicht *Homerisches Jetzt* (GW 1, 306); die Buche auf der Steilküste mit schon halbentblößtem »Wurzelschoß« von der »Baumgöttin Helena« bewohnt wird – so im Gedicht *Rückkehr* (GW 1, 275); wenn als abendlicher Nebel »die Nymphe« sich erhebt, die Nacht »Hesperisch« ist und die Äpfel zu Boden fallen, als »Herkules« vorbeischreitet – so in *Die wilden Äpfel* (GW 1, 188) –, oder sie, die Äpfel, »wie ein schuldiges Opfer von der Baummutter [...] der Erde zurückgegeben« werden – so im *Bukolischen Tagebuch* vom 11. September 1948 (GW 8, 319f); und diese Liste ließe sich, wenn nicht beliebig, so doch beträchtlich verlängern. Sie alle, die Bauersfrau, die Buche, der Nebel, die Nacht, die Äpfel erhalten dadurch Anteil an dem Zauberhaften, Geheimnisvollen, Entzückenden, das der hingerissene Blick des Dichters Lehmann an ihnen wahrnimmt.

So, das heißt auf der Grundlage einer bereits spezifisch, nämlich durch emotional gesättigte Eindrücke, bestimmten Sinnlichkeit, produziert die Einbildungskraft das, was Lehmann mit Blick auf Hölderlin einmal »[m]ythische Gegenständlichkeit« genannt hat (GW 8, 449). Der Mythos fungiert als »großartige *Deutung* der Ereignisse« (GW 6, 339; Hervorhebung DS). Wenn man unter Ereignissen auch das, was sich als sinnliche Wahrnehmungen ereignet, fassen darf, ist auch der Baum (im Unterschied zur Dryade) eine Deutung von Ereignissen – aber vielleicht eben nicht eine *großartige*, sondern die alltägliche oder nüchtern-naturwissenschaftliche. Etwas genauer kann man den Unterschied so fassen: In ihn, den Baum, gehen nur die rein physischen Eigenschaften sinnlicher Wahrnehmung, Größe, Farbe, Gestalt oder Vergleichbares, ein. In der Dryade vergegenständlicht sich darüber hinaus eine Gefühlsqualität, die mit Sinneswahrnehmungen einhergeht. Eine Deutung im Sinne spontaner Produktivität ist das eine wie das andere. Beide sind »ein Geschöpf der schöpferischen Phantasie« (GW 8, 599), von beiden gilt: *Natura sequitur fictionem.* Und in beiden Fällen gilt auch: Die Fiktion, Phantasie oder Einbildungskraft schafft nicht aus dem Nichts oder rein aus sich selbst. Sie verarbeitet sinnliches Datenmaterial. An dessen unterschiedlicher Beschaffenheit entsteht bereits die entscheidende Weichenstellung zwischen poetischer und nicht-poetischer Vergegenständlichung, zwischen Dryade und Baum.[32] Insofern *folgt* auch die Fiktion – aber nicht einer an sich seienden, subjekt- und erlebnisunabhängigen Natur.

VIII.

Natura sequitur fictionem – die Natur folgt der Fiktion. Ich habe versucht zu zeigen, dass es sich bei dieser vermutlich auf Jean Paul zurückgehenden, im *Provinzlärm* dem Lehrer Asbahr in den Mund gelegten Formulierung tatsächlich um einen authentischen Ausdruck für Lehmanns eigenes dichterisches Selbstverständnis handelt. Ja mehr noch: in ihr spricht sich Lehmanns Wirklichkeitsverständnis überhaupt aus. Die Pointe dieses Wirklichkeitsverständnisses liegt negativ in der Ablehnung eines naiven mimetischen Abbildungsverhältnisses zwischen Kunst und Natur, Bewusstsein und Wirklichkeit, und positiv in der Einsicht, dass so etwas wie ›Wirklichkeit‹ oder ›Natur‹ das Resultat komplexer Konstitutionsprozesse ist. Im theoretischen Zentrum dieses Wirklichkeitsverständnisses steht das idealistisch-romantische Konzept der produktiven Einbildungskraft. Zugespitzt könnte man sagen: Alles ist Kunst. Andererseits steht Kunst aber vor allem für eine spezifische Art und Weise der Vergegenständlichung, bei der Eindrucks- und Gefühlsqualitäten maßgeblich in die Gegenstandskonstitution einfließen. – Den eigentlichen und im engen Sinne Prozess der künstlerischen – in Lehmanns Fall: sprachlichen, vor allem lyrischen – Gestaltung, wenn man so will also Lehmanns *Produktionsästhetik*, habe ich nur ganz am Rande berührt; dieser ganze Komplex hätte einer eigenen und genauen Untersuchung bedurft.

Die von mir vorgelegte Interpretation zu Lehmanns theoretischem Programm hat polemische Implikationen. Alle Versuche, Lehmann in irgendeinem Sinn als Zeugen und Gewährsmann für einen unmittelbaren Naturbezug, sei es sensualistischer, naturalistischer, biologistischer oder ökologischer Art, in Anspruch zu nehmen, halte ich für verfehlt. Insbesondere ihn zu einem anti-idealistischen Quasi-Materialisten und – ausgerechnet! – ästhetisch-theoretischen Antipoden Kants machen zu wollen, ist in meinen Augen ein tollkühnes und angesichts der Textbefunde absurdes interpretatorisches Unterfangen.[33]

Gerade einem *kulturökologischen Interesse* an Lehmanns Naturlyrik, für das ich durchaus Sympathien hege, erweist man einen Bärendienst, will man, sozusagen an Lehmanns Einsicht in die gegenstandsproduktive Funktion der Einbildungskraft *vorbei*, direkt auf einen in (angeblich) unmittelbarer Sinnlichkeit gegebenen Naturgegenstand als Objekt unseres pflegenden und bewahrenden Umgangs mit ihm hinaus. Denn die dichterische Phantasie *schafft* erst denjenigen Naturgegenstand, der – jenseits pragmatischer Klugheitserwägungen, Natur pfleglich zu behandeln, um den Ast nicht abzusägen, auf dem man als Mensch sitzt, und sich so selbst zu schaden – *um seiner selbst willen* schützens- und bewahrenswert erscheint, weil erst in ihm, dem poetisch verklärten Naturgegenstand, das Zauberhafte, Entzückende, Wunderbare an ihm andauernde Wirklichkeit geworden ist, was uns dazu motivieren kann, ihn unabhängig von unseren Interessen zu betrachten und zu behandeln. Mit Lehmann könnte ich im Übrigen auch an dieser Stelle sagen: »Ein gutes Ohr hört [...] Kants ewig wahre Ästhetik des interesselosen Anschauens heraus.« (GW 6, 358)

Sieglinde Grimm und Nathalie Kónya-Jobst haben in einem Vortrag auf den Wilhelm-Lehmann-Tagen 2017 in Eckernförde die »Ablehnung mimetischer Referenzbeziehungen, wie es ein naiv-abbildhafter Realismus vorgibt«, als einen Grund benannt für Vorbehalte, die in der gegenwärtigen Literaturwissenschaft »gegenüber Naturbeschreibungen insbesondere im Sinne des amerikanischen *nature writing*« bestünden, und darauf zurückgeführt, »in Zeiten poststrukturalistischer und dekonstruktivistischer Interpretationsmethoden, denen zufolge literarische Texte als endlose Verweisketten von Signifikanten aufgefasst werden, als überholt« zu gelten.[34] Ich habe hingegen zu zeigen versucht, dass die »Ablehnung mimetischer Referenzbeziehungen, wie es ein naiv-abbildhafter Realismus vorgibt«, zentral für Lehmanns eigenes poetologisch-theoretisches Konzept ist. Das kann bei Lehmann ersichtlich nichts mit Poststrukturalismus und Dekonstruktivismus gegenwärtiger Literaturwissenschaft zu tun haben, sondern entspringt seiner Verwurzelung in der idealistisch-romantischen Geisteswelt. Ganz konsequent teilt Lehmann entsprechende Vorbehalte gegenüber einfachen Natur*beschreibungen*.[35] Ich erinnere an das, was ich oben bereits zitiert habe: »Dichterische Sprache rapportiert nicht, sie photographiert nicht, sie käut nicht wieder.« (GW 8, S. 567)

Was aber heißt das für Lehmanns Verhältnis zum amerikanischen *nature writing*? Sollte – nota bene: sollte – das Konzept des nature writing theoretisch mit einem solchen naiv-abbildhaften Realismus verbunden sein, dann hätte Wilhelm Lehmann als ein möglicher Vertreter auszuscheiden und der Versuch, ihn dazu machen zu wollen, als interpretatorischer Fehlgriff zu gelten. Ein begründetes Urteil darüber freilich, ob das amerikanische nature writing tatsächlich mit einem mimetisch-realistischen Konzept verbunden ist, traue ich mir derzeit nicht zu. Aber ich hege sozusagen den Anfangsverdacht eines Zweifels daran, dass es so sei. Denn der Klassiker des amerikanischen nature writing, Henry David Thoreau, und sein Freund und Mentor Ralph Waldo Emerson werden gemeinhin dem sogenannten *Transcendentalism* zugerechnet, jener Denkschule, die, unter Vermittlung vor allem durch Thomas Carlyle und Samuel Taylor Coleridge, just in der philosophischen Tradition wurzelt, die ich hier für Lehmann reklamiert habe: die von Kants Transzendentalphilosophie ausgehenden und angeregten Philosophien des Deutschen Idealismus und der Romantik.[36] Zu den wesentlichen Ingredienzen dieser philosophischen Tradition aber gehört der Abbau eines naiv-abbildhaften Realismus. Wie auch immer das Urteil in dieser Frage ausfallen mag: unstrittig müsste, meine ich, sein, dass Lehmann nur insofern als ein nature writer gelten kann, als klar bleibt, dass alle seine nature writings vor allem eines sind: Kunst.

Ich habe mit meinen Ausführungen auch darauf aufmerksam machen wollen, dass es um dieser Kunst willen, zu ihrem angemessenen Verständnis, gilt, nicht nur den Künstler – den Romancier, den Erzähler, den Lyriker –, sondern auch den Essayisten und darin den Theoretiker und Philosophen zur Kenntnis und ernst zu nehmen.[37] Dass man als Leser und Interpret Lehmanns ein Recht, sogar die Pflicht dazu hat, zeigen, so hoffe ich, die Zeugnisse von Lehmanns Denken, die ich hier präsentiert habe. Für Lehmann selbst jedenfalls war ein Zusammenhang unvermeidlich: »Ein nicht denkender Dichter ist nicht denkbar [...].« (GW 6, 342) Dass dabei für den denkenden Dichter Lehmann die idealistisch-romantische Geisteswelt eine nicht unwesentliche Rolle spielt, scheint mir in allerjüngster Zeit zu Unrecht etwas aus dem Blick zu geraten. Auch darauf habe ich hinweisen wollen.

Anmerkung

1 Wenn nicht ausdrücklich etwas anderes vermerkt ist, beziehe ich mich im Folgenden auf Wilhelm Lehmann: Gesammelte Werke in acht Bänden, hg. in Verbindung mit der Aka-

demie der Wissenschaften und der Literatur in Mainz und dem Deutschen Literaturarchiv in Marbach a. N. von Agathe Weigel-Lehmann u. A., Stuttgart: Klett-Cotta 1982–2009. Nachweise erfolgen in der Regel in Klammern im Text unter Verwendung der Abkürzung GW 1–8 und folgender Seitenzahlangabe.

2 Vgl. David Scrase: Wilhelm Lehmann. Biographie, Übertragung aus dem Englischen von Michael Lehmann, Göttingen: Wallstein, 2011, S. 246–248. 255–260. 374.

3 Vgl. Scrase, S. 259. 282. 284–295. 302 (Anm. 110); GW 4, 309–322

4 Den Hinweis auf diese Stelle verdanke ich Stephen Fennell: Gleich und Gleich. Die Messianik bei Jean Paul, Würzburg: Königshausen & Neumann, 1996, S. 168.

5 Jean Paul: Der Komet, oder Nikolaus Marggraf. Eine komische Geschichte, Sämmtliche Werke, 12. Lieferung Bd. 1, Berlin: Georg Reimer, 1828, S. 14

6 Vgl. Gunter E. Bauer-Rabé: Hälfte des Lebens. Untersuchungen zu den Tagebüchern Wilhelm Lehmanns 1900–1925, Würzburg: Königshausen + Neumann 1986, S. 56. 110. 132; Hans Dieter Schäfer: Wilhelm Lehmann. Studien zu seinem Leben und Werk, Bonn: Bouvier 1969, S. 38; Axel Goodbody: Natursprache. Ein dichtungstheoretisches Konzept der Romantik und seine Wiederaufnahme in der modernen Naturlyrik (Novalis – Eichendorff – Lehmann – Eich), Neumünster: Karl Wachholtz Verlag 1984, S. 166 Anm. 8.

7 Erstausgabe Hamburg: Perthes, 1804; zweite, überarbeitete und maßgebliche Auflage Stuttgart: Cotta, 1813; Lehmann hat die Erstausgabe besessen.

8 Vgl. auch den Kommentar zur Stelle (GW 4, 303).

9 Als allererster Überblick immer noch sehr instruktiv Ivo Frenzel: Artikel »Ästhetik«, in: Alwin Diemer/ Ivo Frenzel (Hg.): Philosophie, Das Fischer Lexikon, Frankfurt am Main: Fischer Bücherei 1958, S. 35–43

10 Das erhellt schon daraus, dass nur unter der Voraussetzung *dieses* Verständnisses von Natur die von Hegel vorgebrachten Einwände gegen die mimetische Auffassung von Kunst – Kunst sei dann überflüssig, ohne eigenen objektiven Gehalt und nicht konsistent auf alle ihre Formen anwendbar (u. a. nicht auf die Poesie!) – überzeugen. Vgl. Georg Wilhelm Friedrich Hegel: Vorlesungen über die Ästhetik I–III, Theorie Werkausgabe Bd. 13–15, Frankfurt am Main: Suhrkamp 1973, hier: Bd. 13, S. 64–70.

11 Vgl. die Erläuterungen in GW 8, 812.

12 In ihrem unmittelbaren Kontext könnte die Aussage des *Bukolischen Tagebuchs*, ohne die Phantasie gebe es keine Wirklichkeit, auch dahingehend verstanden werden, dass die Phantasie der nötige *Gegensatz* zur Wirklichkeit sei, ohne den es die Wirklichkeit *als solche* nicht gebe: »Am Anfang der Geschichte, auch der Naturgeschichte, webt die Fabel. Auch die Wissenschaft gedeiht nur unter ihrem Blick. Die Natur nährt sie als ihr liebstes, ihr springwurzelkräftiges Kind. Ohne die Phantasie gibt es keine Wirklichkeit.« (GW 8, 202) Im Kontext der übrigen Äußerungen Lehmanns halte ich dieses Verständnis allerdings für weniger wahrscheinlich.

13 Vgl. den Kommentar von Wolfgang Menzel in GW 7, 528.

14 Dies tut nach Lehmann der »Dichter« im Unterschied zum »Schriftsteller«, der vielmehr »mit dem Material als etwas Fertigem arbeitet« (GW 6, 238). Diese Unterscheidung muss hier unberücksichtigt bleiben. Sie ließe sich erst klären in einer genauen Darstellung des eigentlichen Prozesses der dichterischen Gegenstandskonstitution bei Lehmann, was einer eigenen Untersuchung vorbehalten bleiben muss.

15 Vgl. ferner GW 6, 334f. 348f; GW 8, 597f.

16 Man kann dann darüber streiten, ob *Subjektivität* bei Lehmann nur oder doch eher für das erste Moment steht oder, ist doch auch die Sinnlichkeit für Lehmann keine subjekt-

freie Zone reiner Passivität, einen Namen für die beide Momente umgreifende weltkonstitutive Instanz darstellt.

17 Ich zitiere im Folgenden nach Immanuel Kant: Werkausgabe, herausgegeben von Wilhelm Weischedel, Bd. I–XII, Frankfurt am Main: Suhrkamp [1968], 5. Auflage 1981, unter Verwendung üblicher Titelkürzel und zusätzlicher Angabe der Originalpaginierung; KrV = *Kritik der reinen Vernunft*, A = Erstauflage 1781, B = Zweitauflage 1787.

18 Vgl. Kant: KrV B 29/ A 15, Werkausgabe III, 66.

19 Zu Kants Theorie der Einbildungskraft in diesem erkenntnistheoretischen (nicht: ästhetisch-kunsttheoretischen) Kontext vgl. Matthias Wunsch: Einbildungskraft und Erfahrung bei Kant, Berlin: de Gruyter 2007; Reinhard Loock: Schwebende Einbildungskraft. Konzeptionen theoretischer Freiheit in der Philosophie Kants, Fichtes und Schellings, Würzburg: Königshausen & Neumann 2007, S. 21–183.

20 Vgl. hierzu die kurze, aber präzise Skizze von Ulrich Barth: Objektbewußtsein und Selbstbewußtsein. Kants erkenntnistheoretischer Zugang zum Ich-Gedanken, in: Ders.: Gott als Projekt der Vernunft, Tübingen: Mohr Siebeck 2005, S. 195–234, hier: S. 206–210.

21 Kant: KrV B 309/ A 253f, Werkausgabe III, 279 (Hervorhebung DS)

22 Kant: KrV B 207, Werkausgabe III, 208 (Hervorhebung DS)

23 Kant: KrV B 137, Werkausgabe III, 139 (Hervorhebung DS)

24 Kant: KrV B 304/ A 247, Werkausgabe III, 275 (Hervorhebung DS)

25 Kant: KrV B 151f, Werkausgabe III, 148f (Hervorhebung DS)

26 Kant: KrV A 124, Werkausgabe III, 178 (Hervorhebung DS)

27 Kant: KrV A 120, Werkausgabe III, 176 (Hervorhebung DS)

28 Vgl. die zahlreichen Nachweise aus Briefen und Tagebüchern zu Lehmanns Lektüre bei Bauer-Rabé; auch Schäfer, S. 3–5, und Scrase, S. 38–79.

29 Vgl. Bernd Küster: Transzendentale Einbildungskraft und ästhetische Phantasie. Zum Verhältnis von philosophischem Idealismus und Romantik, Königstein/Taunus: Forum Academicum 1979. Ansonsten verweise ich hier nur noch exemplarisch und stellvertretend für zahlreiche Titel auf die verschiedenen Beiträge der jüngsten Veröffentlichung bei Gerad Gentry/ Konstantin Pollok (Hg.): The imagination in German idealism and romanticism, Cambridge: University press 2019.

30 In diese Reihe ließe sich auch einordnen Rudolf Kassner: Ein Gespräch über die Einbildungskraft, in: Ders.: Melancholia. Eine Trilogie des Geistes, 2. Auflage, Leipzig: Insel-Verlag 1915, S. 135–242; Ders.: Von der Einbildungskraft, Leipzig: Insel-Verlag 1936. Kassner scheint für Lehmann eine nicht unbeträchtliche Rolle gespielt zu haben (vgl. Scrase, S. 142f; Bauer-Rabé, S. 104. 109. 131). Beim Thema Einbildungskraft dürfte er indes nicht grundlegend prägend gewesen sein. Der erstgenannte Text, den Lehmann 1915 gelesen hat (vgl. Bauer-Rabé ,S. 109), berührt sich, wenn ich dies eigenartige und rätselhafte Dokument richtig verstehe, nur ganz am Rande mit den hier von mir verhandelten Themen. Den zweiten Text kann Lehmann frühestens 1936 zur Kenntnis genommen haben; ich vermute daher, dass Lehmann das, was er dort zur Rolle der Einbildungskraft lesen konnte, eher als spätere Bestätigung dessen erlebte, was er bereits seit seiner Studienzeit bei den idealistisch-romantischen Dichtern und Denkern kennengelernt hatte.

31 Kant: KrV B 75, Werkausgabe III, 98

32 An dieser Stelle ergibt sich eine interessante Sachparallele zur Mythostheorie des Neukantianers Ernst Cassirer, erster Lehrstuhlinhaber für Philosophie an der 1919 gegründeten Universität in Hamburg. Cassirer vertritt die Auffassung, dass der Unterschied zwi-

schen mythischer und naturwissenschaftlicher Weltsicht sich nicht erst auf der Ebene der unterschiedlichen mythischen oder naturwissenschaftlichen Deutung und Begriffsbildung ergibt, sondern bereits auf der Ebene unterschiedlicher Wahrnehmung: Während die naturwissenschaftliche Weltsicht vor allem in der Wahrnehmung von *Sinnesqualitäten* gründet, beruht die mythische Weltsicht auf der Wahrnehmung von *Ausdrucksqualitäten*. Vgl. Dirk Schmid: Die Einheit des Lebens und das Wunder der Bedeutung. Zur symbolidealistischen Religionstheorie Ernst Cassirers, in: Michael Pietsch/ Dirk Schmid (Hg.): Geist und Buchstabe. Interpretations- und Transformationsprozesse innerhalb des Christentums, Berlin/ Boston: de Gruyter 2013, S. 241–272, bes. S. 264–270.

33 Dieses Unterfangen scheint mir nur zu funktionieren, indem man bestimmte Aussagen Lehmanns gar nicht berücksichtigt, andere nur um entscheidende Passagen verkürzt heranzieht und insgesamt ein aus meiner Sicht unzureichendes Verständnis für die philosophischen Sachprobleme und die thematischen wie historischen Zusammenhänge von Deutschem Idealismus und Romantik aufbringt. Diese Polemik richtet sich vor allem gegen Sieglinde Grimm: »Green thought«: Andrew Marvells Gartengedichte und Wilhelm Lehmanns Naturlyrik, in: Wolfgang Menzel (Hg.): Der Wanderer und der Weg, Sichtbare Zeit. Journal der Wilhelm-Lehmann-Gesellschaft 8, Husum: Husum Verlag 2019, S. 60–75, bes. S. 61f. 66f.; vgl. auch Dies./ Nathalie Kónya-Jobs: Kulturökologische Aspekte in der Lyrik Wilhelm Lehmanns und Oskar Loerkes, in: Wolfgang Menzel (Hg.): Metamorphosen des Überläufers, Sichtbare Zeit. Journal der Wilhelm-Lehmann-Gesellschaft 7, Husum: Husum Verlag 2018, S. 38–58.

34 Grimm/ Kónya-Jobs: Kulturökologische Aspekte in der Lyrik Wilhelm Lehmanns und Oskar Loerkes, S. 38

35 »Keine Naturbeschreibung!« – so das ultrakurze, aber treffende Urteil über Lehmann bei Uwe Pörksen: Wilhelm Lehmann braucht ein Haus in Eckernförde, in: Ders. (Hg.): Merlinszeit, Sichtbare Zeit. Journal der Wilhelm-Lehmann-Gesellschsft 4, Göttingen: Wallstein Verlag 2010, S. 7–14, hier: S. 8.

36 Vgl. Emanuel Hirsch: Geschichte der neuern evangelischen Theologie im Zusammenhang mit den allgemeinen Bewegungen des europäischen Denkens, Bd. 1–5, fotomechanischer Abdruck der 1964 in 3. Auflage in Gütersloh erschienenen Ausgabe, Münster: Antiquariat Stenderhoff 1984, Bd. 3, S. 280–282. 372–377

37 Als Denker ernst genommen wird Lehmann u. a. bei David Scrase: The Dialectic in W. Lehmann's Nature Imagery, Phil. Diss. Indiana University, 1972; Jochen Jung: Mythos und Utopie. Darstellungen zur Poetologie und Dichtung Wilhelm Lehmanns, Tübingen: Max Niemeyer Verlag 1975; Axel Vieregg: Wort und Ding bei Wilhelm Lehmann, in: Wirkendes Wort 29 (1979), S. 302–317; Goodbody; Bauer-Rabé.

Wolfgang Menzel
Dichterin im Verborgenen

Wilhelm Lehmanns Einsatz für die Flensburger Lyrikerin Alma
Heismann (1885–1943)

Neben seinen Dichtungen – den Erzählungen, Romanen, der Lyrik –
hat Wilhelm Lehmann ein umfangreiches und reichhaltiges essayistisches und publizistisches Werk hinterlassen. Zentral ist darin eine Au-
torenpoetik, bei der zuerst das Gedicht war. Die Theorie entwickelte sich
aus dem Werk und begleitete dessen weitere Entwicklung. Zu Lehmanns
essayistischem Werk gehören weiterhin Dichterporträts, darunter, in
Schleswig-Holstein auch geographisch naheliegend, über die großen
Autoren der Westküste Friedrich Hebbel und Theodor Storm. Auch
Vergessene wie Theodor Wilhelm Danzel und Moritz August von
Thümmel sowie im deutschen Sprachraum bis dato wenig oder völlig
Unbekannte wie Jules Renard und Paul Léautaud sind berücksichtigt.
Kleinere Arbeiten Lehmanns sind Gedenkblätter, kurze Aufsätze zur
Erinnerung an Autoren und ihre Werke, darunter auch Nachrufe. Auch
hier findet man die Namen Hebbel und Storm, den von Lehmann ge-
schätzten Hermann Stehr, dann den Kollegen aus der Freien Akademie
der Künste in Hamburg, Hans Henny Jahnn. Mit der Lyrikerin Elisabeth Langgässer führte Lehmann viele Jahre einen freundschaftlichen
Briefwechsel – bis zu ihrem frühen Tod 1950 an Multipler Sklerose. Für
Elisabeth Langgässer war Wilhelm Lehmann der Inbegriff des lyrischen
Dichters. In einem Brief an Lehmann vom 31. März 1949 brachte sie
ihre Verehrung zum Ausdruck: »Gibt es eigentlich – außer der göttlichen
– eine höhere Hilfe von Mensch zu Mensch, als diesen Zuspruch der
ungeschändeten Natur, die sich in Ihnen ihr Weidenrohr geschaffen hatte? Dafür danke ich Ihnen heute mit jedem Atemzug.« – Auch Lehmann hatte Grund, ihr zu danken – in einem ganz handfesten Sinne.
1940 hatte sich Elisabeth Langgässer beim Verleger Otto Müller ent-
scheidend für Lehmanns zweiten Gedichtband »Der grüne Gott« eingesetzt. Dieser erschien dann 1942. In seinem Nachruf schreibt Lehmann in der Wochenzeitung »Die Zeit«: »Elisabeth Langgässer hat
nicht umsonst gelebt. In die Welt gebannt, schwebt sie über der Welt.
Ihre liebende Umfassungskraft macht auch das Geheimnis ihrer Lyrik

aus, die in das Herzblatt der Dinge greift, deren Überschwang aus der Fülle des Tatsächlichen gedeiht, der alle Kenntnis und aller Tiefsinn zur Melodie wird […]«

Einer weiteren Dichterin, der Lehmann ein Erinnerungsblatt widmete, ist er nie begegnet, obwohl sie nur wenige Eisenbahnkilometer von Eckernförde, in Schleswig, gelebt hatte: Alma Heismann. Er sorgt dafür, dass eine Sammlung der besten Gedichte dieser im Stillen und ohne Publikationsmöglichkeit schreibenden Autorin 1957 posthum als Veröffentlichung der Deutschen Akademie für Sprache und Dichtung erscheinen kann: »Die Sonette einer Liebenden«. In seinem Geleitwort zu dieser Ausgabe schreibt Lehmann: »Die Verfasserin […] hat das Manuskript nicht lange vor ihrem Tode ihrer Schwester, Emilie Heismann, anvertraut. Deren rastlosem Bemühen ist zu verdanken, daß es uns auf Umwegen erreichte. Die Verleger, denen die Dichtung gezeigt wurde, wandten sich achselzuckend ab. Hier war der Deutschen Akademie für Sprache und Dichtung Anlaß gegeben, einzugreifen.« Lehmann weiß aus eigener Erfahrung, wie bitter es sein kann, nicht gedruckt zu werden, und dass eine Publikation oft der Hilfe anderer, beispielsweise einer Elisabeth Langgässer, bedarf. So setzte er sich für die Namenlose ein.

Die Veröffentlichung in der Schriftenreihe der Darmstädter Akademie hatte Folgen. Auf einmal gab es in der deutschen Literatur des 20. Jahrhunderts eine Frau, die klassisch gebaute Liebessonette geschrieben hat. Folglich findet man in der einschlägigen Monographie von Hans-Jürgen Schlütter über das Sonett, erschienen 1979 in der Sammlung Metzler, auch den Namen Alma Heismann: »Eine bedeutende Rolle hat das Liebessonett in der Dichtung der Frauen gespielt. Das begann mit Karoline von Günderode (1779–1806) und wiederholte sich bei Isolde Kurz (1853–1944) und Ricarda Huch (1864–1947). Im 20. Jahrhundert sind Rosa Mayreder (1858–1938) und Maria Modena (1899), Erica Mitterer (1906), Alma Johanna König (1899) und Alma Heismann (1885–1943) zu nennen.«

In der ersten Hälfte des 20. Jahrhunderts war die Literatur, insbesondere die Lyrik, eine Männerdomäne. Nehmen wir die bekannte Lyrik-Anthologie von Karl Otto Conrady und greifen daraus den Zeitabschnitt von Nietzsche bis Celan heraus. Von den 136 berücksichtigten Autoren sind nur 20 Frauen. In Wulf Kirstens Anthologie über denselben Zeitraum ist das Verhältnis 364 zu 28. Abgesehen davon ist das Sonett auch im 20. Jahrhundert eine Männerdomäne, sofern diese strengste Gattung der Lyrik überhaupt noch gepflegt und fortentwickelt wird. In der Perspektive einer gendergerechten und gendersensiblen Literaturgeschichtsschreibung ist ein großes Verdienst Lehmanns, dass er sich als Akademiemitglied in den 1950er Jahren für die Publikation der Sonette dieser Frau eingesetzt hat.

Wer war Alma Heismann und warum wurde sie erst posthum entdeckt? In seinem Geleitwort zeichnet Lehmann recht ausführlich und so präzise wie möglich die Biographie der am 14. November 1885 in Flensburg geborenen Generationsgenossin (Lehmann, geb. 1882, ist nur 3 ½ Jahre älter als Alma Heismann). Er geht auf die Familiensituation ein: Heismanns Vater war ein Zugezogener, er stammte aus dem Bergischen Land im Rheinland und leitete die Ortskrankenkasse in Flensburg; die Vorfahren der Mutter, Emilie Jürgensen, waren bei Schleswig ansässig. Als ältestes von vier Kindern wächst Alma in Flensburg in einer bürgerlichen Umgebung auf, besucht bis 1903 die Höhere Mädchenschule, dann das Schleswiger Lehrerinnenseminar. 1906 darf sie ein Jahr lang an der Pariser Sorbonne Sprachkurse belegen, 1908 tritt sie eine Stelle als Volksschullehrerin in Schleswig an. 1928 wechselt sie an die Bugenhagenschule in Schleswig, infiziert sich im Kriegsjahr 1943 mit Diphterie und stirbt am 5. Juli 1943. Ihre Urne wird auf dem Friedhof am Friedenshügel in Flensburg beigesetzt. Ein unauffälliges, stilles Leben einer unverheirateten berufstätigen Frau in der ersten Hälfte des 20. Jahrhunderts. Ein Zeitgenosse (Friedrich Ernst Peters) beschreibt sie als »einsame und trotz allem doch langsam alternde Lehrerin«, die ausgeglichen und mit sich im Reinen gewesen sei. Wilhelm Lehmann, der Eckernförder Lehrerkollege, der ihr nie begegnete, aber die Parallelität zu seiner eigenen Situation erkennt, beschreibt sie einfühlend so: »In bürgerlicher Umwelt also spielt sich das Leben Alma Heismanns ab, zum größten Teil in Schulzimmern. Wir brauchen nicht erst das Los einer Volksschullehrerin jener Zeit zu beklagen, das sich in überfüllten Klassen, inmitten von Kleinlichkeit der Vorgesetzten und Kleinheit der Kollegen vollzieht. Alma Heismann wäre es auch in einem andern Beruf nicht besser ergangen. An welcher Stelle des modernen Erwerbsbetriebes dichterische Existenz sich ansiedeln solle, bleibt eine Frage ohne Antwort. Fotos zeigen sie in liebevoll heiterem Umgang mit den Pflegebefohlenen. […] Sie ist eine schöne, stattliche Person gewesen, von einer Beschwingtheit, die sich auch körperlich ausdrückte. Etwas in tieferem Sinn Herrscherliches wird von ihr ausgegangen sein.« Im Verborgenen führt Alma Heismann eine dichterische Existenz, ist Lehmann überzeugt. Als Beleg dienen ihm Tagebuchaufzeichnungen aus den Jahren 1910 bis 1914, die den biographischen Hintergrund der Sonette – eine große, leidenschaftliche, unerfüllte Liebe – erhellen. Alma Heismann arbeitete 20 Jahre an einem Sonettkranz aus 37 Gedichten, ohne sie einem Verlag vorzulegen. Ein Freund, der Schleswiger Friedrich Ernst Peters, hat nach ihrem frühen Tod die Manuskripte überarbeitet. »Die Aufgabe bestand darin, mit aller Behutsamkeit eine überzeugendere formale Geschlossenheit anzustreben«, rechtfertigt Peters seine nicht unerheblichen Eingriffe.

Der erst 2019 in der Stadtbibliothek Flensburg von der Bibliothekarin Stefanie Oeding entdeckte Briefwechsel Lehmanns mit Emilie Heismann »die Veröffentlichung der ›Sonette einer Liebenden‹ betreffend« gibt uns einen kleinen, ausschnitthaften Einblick in die Veröffentlichungsgeschichte des Manuskripts. Das Flensburger Konvolut enthält 20 handschriftliche Dokumente. Es sind Briefe und Postkarten Lehmanns an Emilie Heismann aus dem Zeitraum vom 10. September 1956 bis zum 19. Januar 1962.

Im ersten Brief vom 10. September 56, Poststempel 11.9.56, stellt sich Lehmann der Empfängerin Emilie Heismann als Vorsitzender der Kommission für Publikationen der Darmstädter Akademie vor. Er habe einen »starke[n] und nachhaltige[n] Eindruck von dem Werk Ihrer Schwester«, und er lädt Emilie Heismann ein, ihn in Eckernförde zu besuchen (»Ich nähere mich dem 75. Lebensjahre, Sie sind also die Jüngere«), um eine mögliche Publikation der Gedichte zu besprechen. Er bietet ihr aber auch an, wenn nötig nach Flensburg zu reisen. Zugleich macht er deutlich, warum er sich von Emilie Heismanns hartnäckigen Bemühungen um eine Veröffentlichung der Sonette angesprochen fühlt: »Es berührt mich sehr merkwürdig, daß gar nicht weit von mir eine so begabte und edle Frau gelebt hat. Es ist bedauerlich, daß ich sie nicht in lebendiger Gegenwart kennen lernen durfte.« Nachdem Emilie Heismann ihren Besuch angekündigt hat, schickt Lehmann ihr am 15. September 56 eine Postkarte, auf der er den Postbus-Fahrplan in Auszügen abgeschrieben hat, und fordert sie auf: »Bitte bringen Sie Fotos Alma Heismanns mit!«

Am 24. Januar 57 rät Lehmann dem »Verehrten Frl. Heismann: […] es wäre wohl gut, wenn alle handschriftliche Hinterlassenschaft Ihrer Schwester […] sicher hinterlegt würde, damit spätere Interessenten sich an diese Quelle wenden können.«

In der Korrespondenz ist immer wieder die Rede davon, wie man die Presse, genauer das Flensburger Tageblatt, für eine Erwähnung Alma Heismanns gewinnen könne. Lehmann bemüht sich, ist aber auch mit anderen Dingen beschäftigt. Als die Akademie-Publikation im Herbst 1957 erscheint, schreibt Lehmann »Samstagabend am letzten November 57« folgende Postkarte an Emilie Heismann: »[…] leider kann ich Ihnen, eben erst etwas zur Ruhe gekommen nach einer Romreise (ich las in Rom vor, meine Frau weilte bei einer Schulfreundin in der Schweiz), heute erst antworten. Das schöne Buch, das jetzt die Sonette von A.H. durch die Zeiten tragen wird, muß jetzt seit einer Woche in Ihrer Hand sein: der Sekretär der Akademie holte sich Ihre Adresse von mir & möchte es gleich schicken. Wir hoffen sehr, daß Ihnen die Ausgabe gefällt. Ans Flensburger Tageblatt werde ich eine kurze Mitteilung schicken.
Ihnen schöne Grüße
Ihr Wilhelm Lehmann«

In einem weiteren Brief vom 27. Dezember 57 bedankt sich Lehmann für eine Weihnachtsgabe (das »reizvolle Flensburger Bilderbuch«) und weist Emilie Heismann darauf hin, dass die Veröffentlichungen der Deutschen Akademie für Sprache und Dichtung Darmstadt »durch jede Buchhandlung« zu beziehen seien und empfiehlt namentlich die Flensburger Buchhandlung P. Tramsen [?], Bahnhofstr. 7. Zum Schluss bittet er die Adressatin, künftig »auf die Anrede Oberstudienrat zu verzichten«.

Danach wird die Korrespondenz privater, Weihnachts- und Geburtstagsgrüße gehen hin und her. In einem Brief vom 9. Mai 1958, einer Antwort Lehmanns auf Grüße zu seinem 76. Geburtstag, bremst Lehmann freundlich, aber deutlich weitere Veröffentlichungsabsichten:

»Wenn auch jene Dame als Freundin Ihrer Schwester Alma ›begierig auf die Frühgedichte ist und von jeglicher Verpflichtung der Toten gegenüber spricht‹ so möchte ich Ihnen raten, die frühen Versuche der Dichterin auf sich beruhen zu lassen. Wir unsererseits können zu einer Veröffentlichung keine Hand leihen. Es steht Ihnen natürlich frei, sie einem Verlage anzubieten. Ich glaube aber nicht, daß sie der Toten damit einen Dienst erweisen. Man darf die Maßstäbe nicht aus den Augen verlieren. Nach unserer Überzeugung gehören solche Dinge in ein Familienarchiv, aus dem dann ein späterer Biograph Rat holen kann.
Seien Sie, auch von meiner Frau, herzlich gegrüßt,
Ihr Wilhelm Lehmann«

Die »Sonette einer Liebenden« sind konventionell gebaut und bilden ein geschlossenes Ganzes, 37 Gedichte à 14 Versen in 5-hebigen Jamben, einheitliches Reimschema (abba abba cde cde), was zu einer rhythmischen Eintönigkeit führt. Insgesamt 518 Verse. Die Quersumme von 518 ist 14. Die Sonette wirken unmodern. Strenge Formerfüllung ohne jeden Anflug von Variation oder gar Formzertrümmerung wie bei Rilke oder den Expressionisten. Ende der 1950er Jahre sieht sich Lehmann genötigt, die Veröffentlichung dieser bereits zu ihrer Entstehungszeit formal wenig originellen Sonette zu rechtfertigen. Lehmann ist ein entschiedener Vertreter der Moderne. Er meidet das Sonett als die gepressteste aller Formen. »Gleicht das Sonett nicht einer verrosteten Kanne mit verstopftem Mund?« Bei den wenigen sonettartigen Gedichten Lehmanns mit 14 Versen ist fraglich, ob man sie als Sonette bezeichnen darf – und wenn, dann spielen sie immer mit der Form, variieren die Versgruppierung und ordnen den Reim unüblich wie »In Solothurn« (3-5-3-3), »Kein Ende« (3-5-6) oder »Auf sommerlichem Friedhof – in memoriam Oskar Loerke« (4-4-6, durchgehend Paarreim). Oskar Loerke hatte 1911 mit »Blauer Abend in Berlin« ein expressionistisches Sonett in 5-hebigen Jamben und klassischem Reimschema (abba, cddc, eff, eff) vorgelegt, dem man die strenge Form nicht anmerkt und das noch heute zum Schulkanon gehört. Lehmann artikuliert im Geleitwort seine Skepsis, ja den Widerwillen des modernen Lesers gegenüber dem Sonett deutlich: »Ist es nicht das Instrument preziöser Empfindelei, die sich anstrengt, einem Strophen- und Reimschema zu willfahren?« Im Falle Alma Heismann sei es nicht so, behauptet Lehmann: »[…] hier entdeckt ein Strom des Gefühls zu seiner Bändigung das gemäße Becken. Der Strom füllt es bis zum Rande. Eine Konvention findet zu ihrem Ursprung im Individuum zurück. Die Skepsis des Heutigen möchte immer wieder rebellieren: Sie späht nach Lücken der Diktion, erwartet Stellen bloßer pathetischer Füllung […].« Lehmann macht keinen Hehl aus seiner Distanz, weist aber auf berühmte Vorbilder hin: Shakespeare, Louise Labé, Elizabeth Barrett-Browning sowie auf das Pathos der Dichtung eines Richard Dehmel. In diesem Horizont und unter Berücksichtigung der Tagebücher Alma Heismanns aus den 1910er Jahren sind diese Sonette als authentischer Ausdruck einer gebildeten, sehr empfindsamen und tief fühlenden, introvertierten Frau zu werten, einer Frau, die sich der Zwänge, in die sie die Gesellschaft presst, durchaus bewusst ist, diese aber zugleich sublimiert durch dichterische Überhöhung ins Kosmisch-Spirituelle. Wenn Liebe die Verwirklichung des Unmöglichen sei, dann erscheine in den Gedichten Alma Heismanns die Verwirklichung des Unmöglichen gedichtet, schließt Lehmann sein Geleitwort nicht unpathetisch: »Mit Alma Heismann gibt es in unserer Poesie wieder eine Liebende.«

Werner Kraft, Lehmanns Jerusalemer Brieffreund und ein Mann von unbestechlichem Urteilsvermögen, lobt in einem Brief vom 18.12.1957 die Entscheidung Lehmanns, die Sonette trotz aller literarischen Vorbehalte zu publizieren: »Dein Verdienst, diese Frau und diese Gedichte der Welt bekannt gemacht zu haben, ist unbestreitbar, mehr noch – für mein erstes Gefühl – die Frau selbst in ihrer rasenden Kraft als die Gedichte, obwohl auch die an den höchsten Stellen sprachmächtig sind, ganz abgesehen davon, daß sie die obsolet gewordene Sache ›Liebe‹ im Wort wieder zu hohen Ehren bringen.« Und weiter: »Ich sage das mit Bedacht, da ich beim Lesen dieser edel gebauten Sonette einen nicht leichten Stand hatte, denn kurz vorher hatte ich die Sonette von Jesse Thor gelesen, von denen einige mich umgeworfen haben … Aber es ist eine wilde Zeit, in der wir leben, und beides ist berechtigt, die edle Leidenschaft in den edlen Sonetten einer Frau und die Wahnsinnsleidenschaft in den wüsten Sonetten eines Mannes.«

Wem »die edle Leidenschaft« galt, offenbarte Lehmann aus Gründen des Persönlichkeitsschutzes nicht. Recherchen im Nachlass Alma Heismanns in der Universitätsbibliothek Kiel lüfteten 2019/20 das Geheimnis der biographischen Grundlage. Anlass und Gegenstand der Sonette ist die Beziehung der 25-jährigen Volksschullehrerin Alma Heismann zu dem zehn Jahre älteren Dithmarscher Gemeindepfarrer Ewald Dittmann in Neugalmsbüll bei Niebüll in den Jahren 1910/11. Es war eine ›verbotene Liebe‹, die, aus welchen Gründen auch immer, nicht öffentlich werden durfte. So klagt Alma Heismann in ihrem Tagebuch: »dies mir höchst widerwärtige Sichverstellenmüssen um der anderen willen«. Pastor Dittmann will sich nicht binden und beendet die Beziehung im Februar 1911. Alma bricht körperlich zusammen, erholt sich aber nach einigen Wochen der Ruhe und fühlt im Mai bereits wieder »Frühlingsfreuden und neue Körperkraft«, wie sie ihrem Tagebuch anvertraut. »Es war auch nicht, als hätte ich ihn verloren; kann man denn einen verlieren, den man lieb hat?« Im streng geregelten Sonett findet sie eine Form, in der sie ihre Leidenschaft und ihren Schmerz zum Ausdruck bringen und literarisch gestalten kann.

Als 1957, vierzehn Jahre nach ihrem Tod, die Sonette erstmals veröffentlicht wurden, lobte die damalige Literaturkritik die formale Reinheit und Schönheit der Verse, die eingedämmte Leidenschaft, Intensität und Aufrichtigkeit des Gefühls. Wenn wir die Sonette heute hören, wirken sie uns fremd und an den Stellen, wo das Pathos sich zu sehr in den Vordergrund drängt, einer anderen Zeit verhaftet. Der Wahrheit ihrer Empfindung nachzuspüren und sich berühren zu lassen, kann dennoch gelingen.

Alma Heismann
Sonette einer Liebenden

1

Von meinen Müttern wurde mir die Gabe,
Um Fernes und um Künftiges zu wissen.
Oft fühl ich's nur. Oft seh ich's klar umrissen,
Als ob ich selbst es hingezeichnet habe.

So las ich wie auf heiligem Runenstabe
In meines Lebens harten Kümmernissen
Den Spruch von nahem Zukunftsflaggenhissen,
Von Osterherrlichkeit nach düsterm Grabe.

Doch als noch Mut und Zagheit in mir stritten,
Geschah es, daß der Blick sich ganz mir klärte;
Und ich erschrak bis in das Mark hinein.

Ich hatte so durch Liebe schon gelitten,
Daß ich aus ihrer Hand nichts mehr begehrte
Und mich in jäher Abwehr straffte: »Nein!«

————

21

Der Tag ist wieder Tag und Nacht die Nacht
Und schöner Zweiklang ihres Wechsels Schritt.
Der Erdenwesen Füße schreiten mit
Und ruhn, in göttlich edles Maß gebracht.

Es schwillt und reift das Jahr von Pracht zu Pracht
Nach dieses Sommers schicksalhaftem Ritt.
Kein Kernlein, das dem Lebensstrom entglitt.
Zu Jubelfeuern ist der Herbst entfacht.

Und Menschenaugen strahlen uns zurück,
Was wir gelebt, gewollt gefühlt, ertragen –
Verschwistert – unsern Augen ganz erhellt.

Ach, jeder Atemzug ist wieder Glück!
Wenn unsre Herzen aneinander schlagen,
Ist Gottes Ordnung wiederhergestellt.

22

Aus Brunnenfinsternis der Einsamkeit
An deines Herzens warmen Hort gezogen,
Durchmißt mein Herz in schwindelsteilem Bogen
Äonenflugbahn in Minutenzeit.

In einem sinkend in Geborgenheit
Und ganz in süße Stille eingesogen –
Und steigend auf berauschend starken Wogen;
Mit dir zu neuem Erdentag bereit.

Des Frühlings Holdheit, Veilchen, Vogellieder –
Was ewig Seelensaiten jauchzen läßt,
Wird wieder wahr in deines Arms Umringung.

Ich selber sing und leucht und blüh mir wieder.
Wie aus des Schmerzes Tempel in ein Fest
Tret ich in deines – unsres Leben Schwingung.

Beate Kennedy
Gedenkblatt für Adolf Nottrodt (1935–2020)

Unsere Haustür – groß, rot, ein Speichertor – geht nach außen auf. Das weiß er und steht deshalb in sicherer Entfernung, Fahrradklammer am Hosenbein, das Rad hinter sich schon aufgebockt, flache Aktentasche im Arm, auf dem Kopf die obligatorische Eckernförder Mütze: Adolf Nottrodt, mit wachem Blick und einem breiten Lächeln. Nach einem galanten Ankunftsgruß kommt er herein und lässt sich von mir aus dem Mantel helfen. Wie so oft sind wir verabredet, um Kassendinge zu besprechen, die er akkurat vorbereitet hat, Haushaltspläne, Förderanfragen, aber auch Briefe, die an eine junge Preisträgerin oder einen ehrwürdigen Sponsor oder einen Radiosender geschrieben werden wollen – Bitt- wie Dankesschreiben, aus Adolf Nottrodts Hand stilsicher verfasst; ich darf sie vor Versand noch einmal lesen und für gut befinden. Erst im letzten Jahr seines Lebens sind wir vom »Sie« zum »Du« übergegangen. Da hatte er das Amt des Schatzmeisters dann doch noch abgegeben; es fiel weder ihm noch mir leicht. Ich hatte in ihm einen Unterstützer im Vorstand, wie eine Vorsitzende ihn sich nur erträumen kann: mit offenem Ohr und großem Sachverstand, den er, das war seine charakteristische Art, unter den Scheffel zu stellen pflegte. »Ich bin ja nur ein Ingenieur«, war eine typische Redensart, mit der er ansetzte, um mit dem dann folgenden Satz damit zu verblüffen, dass er eben durchaus etwas von Literatur verstand (seine Bibliothek, wie ich später erst sah, war bis in das oberste Regal mit Weltliteratur und eine ganze Abteilung mit Lehmann gefüllt). Er liebte dieses Understatement, das vielleicht genau das Gegenteil behauptet: Die Literatur braucht sie doch gerade, diese Ingenieure, die nicht anders können als sich der ungelösten Probleme anzunehmen; sie braucht einen Adolf Nottrodt, der »von Natur aus ein gründlicher, wissenschaftlicher Typ« war (Antje Nottrodt).

1935 in Rendsburg geboren, erwarb er dort 1954 am Herder-Gymnasium das Abitur und studierte im Anschluss bis 1958 Maschinenbau an der Technischen Hochschule Hannover. 1964 wurde er zum Dr.-Ing. promoviert; seine Dissertation behandelte das der Literatur noch ferne Thema »Einspritzgesetz und Charakteristikenverfahren«. Im selben Jahr wurde er zum Leiter der Entwicklung bei J.P. Sauer und Sohn Getriebe in Kiel-Friedrichsort. Nach zehn Jahren wechselte er zur Ingenieurgesellschaft Goepfert, Reimer und Partner, mit dem Schwerpunkt auf Umwelttechnik, in Hamburg. Wiederum 20 Jahre später, 1994, machte er sich mit der Dr.- Ing. A. Nottrodt GmbH in Hamburg selbstständig und gründete, erneut nach einer Dekade, 2004 die hanse.ing. Hamburger Ingenieure, eine interdisziplinäre Gruppe Hamburger Unternehmer. Obgleich Adolf Nottrodt nach traditioneller Lesart zur Gruppe der Ruheständler gehörte, habe ich ihn als Ingenieur kennengelernt – regelmäßig nahm er an Fach-Konferenzen und Kolloquien teil und unterhielt bis zum Ende sein Büro am Jungmannufer in Borby. Seine Identität als Ingenieur, seine Identität als Familienvater: zusammen mit seiner Frau Antje haben wir Mitgliederbriefe im Windebyer Speicher eingetütet, Spargel im Haus in Borby gegessen, die sommerliche Abendsonne mit Blick über die Schlei im Feriendomizil in Arnis genossen – und stets waren sie an irgendeinem Punkt Thema, die 12 Enkel und vier Kinder, die von beiden Nottrodts in die für beide zweite Ehe eingebracht worden waren. Irgendwie sorgten diese Kinder und Kindeskinder dafür, dass die beiden stets unterwegs waren, zu einer Opernpremiere der Tochter oder der Konfirmation eines Enkels oder einfach zum Kinderhüten. Addi, wie ich ihn zuletzt auch nennen durfte, Addi, de Plattsnacker, hat sich dann am 31. Oktober 2020 schließlich doch allein auf seinen ureigensten Weg gemacht. Die Lehmann-Gesellschaft wird ihn nicht vergessen.

Wolfgang Menzel
Gedenkblatt für Verena Kobel-Bänninger (1927–2021)

Leserinnen und Leser der Ausgabe »Gesammelte Werke in acht Bänden« (Klett-Cotta) kennen ihren Namen als Herausgeberin des achten Bandes »Autobiographische und vermischte Schriften« von 1999. Was für ein Trumm von Buch! Fast 860 Seiten, davon 220 Seiten Anhang; alles andere als eine handliche Leseausgabe – und dennoch: ein Schatzkästlein. Hier musste hineingepackt werden, was in den ersten sieben Bänden aus systematischen Gründen keinen Platz fand, aber doch zum Werk gehört und es erst komplettiert. Zunächst die autobiographischen Schriften Lehmanns, besonders »Mühe des Anfangs«. Dann die wissenschaftlichen und essayistischen Arbeiten der Frühzeit. Sie zeigen Lehmann als Sprachforscher und Kenner der englischen und irischen Literatur sowie, auch später noch, als Lyrik-Übersetzer. Unter den pädagogischen Schriften fällt ein origineller Titel auf: »Können Lehrer Schmerz empfinden?« In den Rubriken »Kritik und Meinung« sowie den abgedruckten Interviews gibt es manches Kleinod zu entdecken wie das Gespräch mit Siegfried Lenz vom 4. Mai 1962, welches nach einer privaten Tonbandaufnahme wiedergegeben wird. Alles sorgfältig mit Nachweisen, Erläuterungen, Wort- und Sacherklärungen, nützlichen Querverweisen versehen. Nicht zu vergessen die »Bukolika« mit den beiden Tagebüchern 1927–1932 und dem von 1948 sowie diversen Texten aus dem Umkreis. Das äußerst nützliche »Register der Namen aus Botanik und Zoologie« (S. 827–844) hat der Verlag Matthes & Seitz 2017 in seine (leider sehr fehlerhafte) Neuausgabe des »Bukolischen Tagebuchs« übernommen (Reihe »Naturkunden«). Innerhalb der Lehmann-Philologie hatte sich Verena Kobel-Bänninger bereits 1991 durch ihre kleine Studie »Zeit in der Zeit. Ein neuer Weg zu Wilhelm Lehmanns lyrischem Werk« einen Namen gemacht. Sie war Mitglied der Wilhelm-Lehmann-Gesellschaft von Beginn an.

Verena Bänninger wurde am 19. Juni 1927 in Zürich geboren. Der Vater war Schauspieler, Hörfunkredakteur und Theaterkritiker, die Familie pflegte Kontakte zu aus Deutschland emigrierten Schriftstellern und Schauspielern. Ihr Germanistikstudium schloss Verena Bänninger mit der Dissertation »Goethes natürliche Tochter. Bühnestil und Gehalt«, Zürich 1957, ab und wurde Gymnasiallehrerin in Winterthur. Dort heiratete sie 1959 den Lehrerkollegen Erwin Kobel und gab ihren

Beruf zugunsten der Kindererziehung auf. Sie unterstützte die literaturwissenschaftlichen Forschungen ihres Mannes, der Monographien über Hugo von Hofmannsthal, Georg Büchner und Alfred Döblin publizierte. Das Ehepaar nutzte Auslandsreisen, um beispielsweise in Australien Vorträge über Wilhelm Lehmann zu halten. Die Arbeit an Band acht der »Gesammelten Werke« machte der musisch und handwerklich Begabten und naturkundlich Interessierten viel Freude, wenn auch die Zusammenarbeit mit dem Deutschen Literaturarchiv in Marbach nicht immer konfliktfrei verlief. Die beiden letzten Lebensjahrzehnte waren von zunehmenden gesundheitlichen Beeinträchtigungen geprägt. Der Wilhelm-Lehmann-Gesellschaft hielt sie die Treue und verfolgte deren Aktivitäten aufmerksam, bis auch dies durch den Verlust des Gedächtnisses und der Orientierungsfähigkeit nicht mehr möglich war. »Am 22. April 2021 ist Verena Kobel-Bänninger im Vertrauen auf ihren Erlöser in die Ewigkeit gegangen«, teilen uns die Angehörigen mit. Auch für die Wilhelm-Lehmann-Gesellschaft ist dies ein großer Verlust.

Wir erinnern an Verena Kobel-Bänninger mit einem Auszug aus ihrer Interpretation des Gedichts »Nicht vorbei«, den wir mit freundlicher Erlaubnis der Töchter der Verstorbenen abdrucken.

Verena Kobel-Bänninger
Über Lehmanns Gedicht »Nicht vorbei«

Wiederhole, wiederhole, Heuschreck deine trocknen Laute,
Als die Zeit aus ihrem Vorrat
Meine Kindertage baute.

Rucke di guck! Die Bäume lachen mit verstecktem Taubengurren,
Sahn sie meine Knabenfüße
Durch den Pfühl der Blätter schurren.

Höhle deine Hand den Tränen, Schale sie den aufgefangnen.
Wässere den Staub ihr Wasser,
Dass er grüne des Vergangnen.

Die beschwörende Repetition des Wortes »wiederhole« gibt zunächst zu
einem wahrscheinlich gewollten Missverständnis Anlass. Man könnte
glauben, die Aufforderung beziehe sich auf das gegenwärtige Wahrneh-
men des Heuschreckenlauts, auf den immer gleichen Ton, der in regel-
mäßigen Abständen erzeugt wird. Aber Fortsetzung und Schluss der
ersten Strophe machen in kühner elliptischer Wendung klar, dass etwas
anderes gemeint ist. Die Heuschrecke soll das wiederholen, was der
Dichter als Knabe gehört hat, und so das Vergangene ins Jetzt holen. Das
gelingt nicht sogleich. Die zweite Strophe malt ein reizvolles Erinne-
rungsbild, in dem der Leser seine eigene Kindheit erkennen wird; aber
es ist Erinnerung, nicht Gegenwart, daher die Tränen der Wehmut. Erst
die letzte Strophe zeigt die Möglichkeit des Nicht-vorbei. Indem der
Dichter die Tränen nicht zerfließen läßt, sondern auffängt, geschieht es,
daß auch die Zeit wie in einer Schale zusammenrinnt. Das Vergangene
ist trotz rückwärts gewendeter Sehnsucht Staub; doch das Dichterwort,
das die zerrinnende Zeit zu sammeln, das Gewesene zu bewahren weiß,
läßt aus dem toten Staub wieder Leben sprießen.

*(aus Verena Kobel-Bänninger: Zeit in der Zeit. Ein neuer Weg zu Wilhelm
Lehmanns lyrischem Werk. In: Journal of English and Germanic Philology
(JEGP), Vol. 90, No.1 (Jan., 1991), pp. 79–105. Im Internet abrufbar unter
https://jstor.org/stable/27710459)*

Wilhelm Lehmann
Grab eines Dichters

Über diesem Rechteck grünt die Zeit.
Erde, drin er liegt, geweiht,
Dankt, daß sie sein letztes Haus.

Dauert fleischig nicht das Leben aus,
Wurzeln spinnen ums Gebein,
Wandeln es zu Rosenstrauß.
Lächeln bist du, Grab, aus Rosenschein.
Verse gehen in dein Schweigen ein.

Oskar Loerke
Gedenkzeit

Auf meinem Grabe halte nichts die Wacht,
Kein Stein, kein Erz. Die zählen falsche Stunden.
Denn ehern, steinern hab ich nie gedacht.
Was ich empfand wie Hauch, ist ausempfunden.

Von einer bitteren Orangenschale
Ein wenig auf die Fingerkuppen reiben,
Man mags, mein eingedenk.
Wie man mich rief, kann man zu einem andern Male
Verlöschlich auf die Schiefertafel schreiben:
Für mich ein kleines Weihgeschenk.

Dokumentation

Ehrengrabstätte für Oskar Loerke in Berlin

Offener Brief an den Rat der Berliner Bürgermeister vom 21. Juli 2021

An den Rat der Bürgermeister der Stadt Berlin,
an den Regierenden Bürgermeister
über die Senatskanzlei

Offener Brief

zur Entscheidung über das Ehrengrab der Stadt für Oskar Loerke (1884–1941) in Berlin-Frohnau

Sehr geehrte Bürgermeisterinnen und Bürgermeister von Berlin,
sehr geehrter Herr Regierender Bürgermeister Michael Müller!

Die Wilhelm-Lehmann-Gesellschaft e.V. mit Sitz in Eckernförde fordert die Versammlung der Bürgermeister der Stadt Berlin auf, die Ehrengrabstätte für den Berliner Dichter Oskar Loerke weiter bestehen zu lassen und sich für eine Rücknahme der Senatsentscheidung vom 6. Juli 2021 auszusprechen. Wir schließen uns dem Appell von Lutz Seiler an, der am 20. Juli in der Süddeutschen Zeitung nicht nur erklärte, dass Loerkes Werk für ihn »groß und wertvoll« sei, sondern auch dessen literaturgeschichtliche Bedeutung hervorgehoben hat. Als Lyriker seiner Generation steht Loerke auf einer Stufe mit Bertolt Brecht, Gottfried Benn und Wilhelm Lehmann. Brechts Ehrengrab wird verlängert, Loerkes nicht. Die Entscheidung für den einen und gegen den anderen mit der Begründung, dass bei Loerke »ein fortlebendes Andenken in der allgemeinen Öffentlichkeit nicht mehr erkennbar« sei, lässt vermuten, dass in Berlin nur *der* Literat geehrt wird, der noch eine gewisse Popularität genießt, während die tatsächliche Bedeutung zweitrangig ist. Zeigen Sie, dass dies ein Trugschluss ist! Nehmen Sie die Entscheidung zurück!

Oskar Loerke und Wilhelm Lehmann waren, dieses alte Wort trifft hier genau zu: Dichterfreunde. Sie lernten einer vom andern, tauschten ihre Arbeiten »wie Gastgeschenke aus« (Lehmann), widmeten sich gegenseitig Gedichte, ja ganze Gedichtbücher. Beide Männer sind zwar nicht dort geboren, wo sie später bis an ihr Lebensende ihren Beruf und ihre Dichtkunst ausübten, entwickelten aber, jeder auf seine Weise, eine ganz besondere Beziehung zu ihrer Wahlheimat: Lehmann war Lehrer in Eckernförde, Loerke mit großem Erfolg Verlagslektor bei S. Fischer in Berlin und betreute unter anderen die Manuskripte von drei Literaturnobelpreisträgern (Thomas Mann, Gerhart Hauptmann, Hermann Hesse). Beide sind, daran besteht kein Zweifel, literarisch bedeutend. Der eine hat das Glück, in einer Kleinstadt in der Provinz gewirkt zu haben, wo er auch 50 Jahre nach seinem Tod noch seinen Platz hat, auch weil es dort eine kleine literarische Gesellschaft gibt, die sein Andenken pflegt. Anders Oskar Loerke, der in der Metropole lebte und wirkte, relativ früh, noch während der NS-Diktatur starb und schnell in Vergessenheit geraten wäre, wenn, ja, wenn sich nicht Leute wie Hermann Kasack, Peter Suhrkamp und Wilhelm Lehmann für sein Werk eingesetzt hätten. Unermüdlich hat Lehmann in den 1950er und frühen 1960er Jahren in Vorträgen, Essays und Feuilletons emphatisch auf Loerkes Lyrik und ihren Rang hingewiesen.

Wenn die Stadt Berlin den Dichter Loerke durch ein Ehrengrab ehrt, dann ehrt sie nicht nur einen heute Unpopulären, »nicht mehr öffentlich Erkennbaren«, von dem Wilhelm Lehmann sagte: »Verglichen mit den beiden anderen Versmeistern, George und Rilke, ist Loerke die große *Natur*. Auch im höchsten Geistesflug verliert seine Dichtung nicht die Empfindung der irdischen Nähe. Ihre sicht-, hör-, schmeck- und tastbaren Qualitäten gingen in sein Werk notwendig ein« – sie ehrt damit auch die Dichtung. Nicht nur diejenige Loerkes – in der zweibändigen Gesamtausgabe immerhin rund 900 Seiten Gedichte von durchweg beachtlichem Niveau –, sondern auch die Dichtung aller, denen, wie Lutz Seiler, Loerkes Lyrik etwas bedeutet oder bedeutet hat, z. B. Wilhelm Lehmann in seinem großartigen Gedicht:

Auf sommerlichem Friedhof (1944)

In memoriam Oskar Loerke

Der Fliegenschnäpper steinauf, steinab.
Der Rosenduft begräbt dein Grab.
Es könnte nirgend stiller sein.
Der darin liegt, erschein, erschein!

Der Eisenhut blitzt blaues Licht.
Komm, wisch den Schweiß mir vom Gesicht.
Der Tag ist süß und ladet ein,
Noch einmal säßen wir zu zwein.

Sirene heult, Geschützmaul bellt.
Sie morden sich: es ist die Welt.
Komm nicht! Komm nicht! Laß mich allein,
Der Erdentag lädt nicht mehr ein.
Ins Qualenlose flohest du,
O Grab, halt deine Tür fest zu!

Eckernförde, den 21. Juli 2021
Für den Vorstand der Wilhelm-Lehmann-Gesellschaft e.V.:
Dr. Beate Kennedy (Eckernförde-Windeby), Erste Vorsitzende
Dr. Wolfgang Menzel (Karlsruhe), Zweiter Vorsitzender, *Herausgeber von Oskar Loerke »Sämtliche Gedichte« im Wallstein-Verlag und der Essays von Wilhelm Lehmann im Verlag Klett-Cotta*
Karl-Heinz Groth (Eckernförde-Goosefeld), Mitbegründer der Wilhelm-Lehmann-Gesellschaft; Vorstandsmitglied
Prof. Dr. Uwe Pörksen (Freiburg i. Br.), Mitbegründer der Wilhelm-Lehmann-Gesellschaft, *Herausgeber von Oskar Loerke »Sämtliche Gedichte« und von Wilhelm Lehmann*
und
Hanns Zischler (Berlin), Mitglied der Wilhelm-Lehmann-Gesellschaft e.V.

Süddeutsche Zeitung, Feuilleton, Freitag, 23. Juli 2021
Ehrengrabstätte in Berlin
Neuer Appell für Oskar Loerke

Die Stadt Berlin will das Grab des Dichters nicht weiter unterhalten.
Der Protest dagegen hält an.

Dem Appell an die Bürgermeisterinnen und Bürgermeister von Berlin, die Ehrengrabstätte des Dichters Oskar Loerke nicht auslaufen zu
lassen, den Lutz Seiler zuletzt in der SZ vom 20.7. erhoben hat, schließt
sich jetzt die Wilhelm-Lehmann-Gesellschaft in Eckernförde an. Zu
den Unterzeichnern zählen die Loerke- und Lehmann-Herausgeber
Wolfgang Menzel und Uwe Pörksen, sowie der Schauspieler und
Schriftsteller Hanns Zischler. Die Entscheidung, Bert Brechts Grab
weiter zu unterhalten, aber nicht das von Oskar Loerke, »lässt vermuten,
dass in Berlin nur der Literat geehrt wird, der noch eine gewisse Popularität genießt, während die tatsächliche Bedeutung zweitrangig ist«,
heißt es in dem offenen Brief: »Nehmen Sie die Entscheidung zurück!«
Wilhelm Lehmann habe, so wird das Engagement begründet, eine tiefe
Dichterfreundschaft mit Oskar Loerke verbunden.

Der Schriftsteller, zu dessen bedeutenden Werken der Roman »Der
Überläufer« zählt, der auf seinen Erfahrungen als Deserteur im Ersten
Weltkrieg beruhte, habe anders als Loerke das Glück, »in einer Klein-
stadt in der Provinz gewirkt zu haben, wo er auch 50 Jahre nach seinem
Tod noch seinen Platz hat«. In Berlin dagegen scheint es für verblichene
Künstler eng zu werden.

Süddeutsche Zeitung, 9. August 2021
Ehrengrab für Oskar Loerke bleibt

Der Senat sichert für das Grab des Dichters weitere 20 Jahre öffentliche
Pflege zu.

Der Berliner Senat hat über eine Vorlage des Regierenden Bürgermeis-
ters über die An- und Aberkennung von Ehrengrabstätten in der Stadt
neu entschieden. Man sei dabei einer Stellungnahme des Rats der Bürgermeister gefolgt und habe »die ursprünglich nicht beabsichtigte Verlängerung der Ehrengrabstätte des 1941 verstorbenen Dichters Oskar Loerke
auf dem Friedhof Frohnau doch für weitere 20 Jahre beschlossen« [...]

Wolfgang Matz
Wilhelm Lehmanns »Auf sommerlichem Friedhof (1944). In memoriam Oskar Loerke«

Lohnt es sich, an Oskar Loerke zu erinnern? Dieses Gedicht, das ihm gewidmet wurde, zählt zu den guten Gründen, es zu tun.

Als Wilhelm Lehmann im Juli 1944 am Grab seines Freundes Oskar Loerke steht, ist dieses noch lange kein Ehrengrab, dazu wird es erst 34 Jahre später. »Es könnte nirgend stiller sein«, ja, der Friedhof Frohnau liegt so abseits wie nur möglich, im äußersten, nördlichen Zipfel von Berlin, die Friedhofsmauer ist zugleich die Stadtgrenze, und in späteren Zeiten wird es die berühmte, berüchtigte »Mauer« selber sein. Der gewohnte Lärm der Millionenstadt ist fern, der grüne Waldfriedhof lädt ein zum Spazieren, gerade im Sommer herrscht unter den dichten Bäumen überall ein kühler Schatten. In der Mitte steht heute ein Stein mit der Inschrift: »Den hier ruhenden Opfern des Krieges 1939 – 1945 zum Gedenken.«

Im Juli 1944 ist dieser Krieg schon verloren, das weiß man auch damals. Dass er noch neun Monate dauern wird, weiß Wilhelm Lehmann noch nicht, die Kriegszeit, die vor ihm liegt, dehnt sich ohne sichtbares Ende, und jeder Monat mehr kann den Tod bedeuten. Oskar Loerke war im Februar 1941 gestorben, und Lehmann kennt Augenblicke, in denen er ihn darum beneidet. Auch vier Jahre nach seinem Tod bleibt der Freund dem nahezu Vereinsamten ein wichtigerer Gesprächspartner als die Lebenden, zumindest in Gedanken.

Lehmann ist ein vom Krieg Traumatisierter. 1882 geboren, wird er 1917 eingezogen, doch er desertiert im September 1918, kommt in englische Kriegsgefangenschaft. Die Schrecken des Weltkriegs, der damals noch nicht der »Erste« heißt, beschreibt er in »Der Überläufer«, aber die Zeit will nichts wissen von einem solchen Roman, und er kann erst Jahrzehnte später erscheinen, nach einem weiteren Weltkrieg.

Lehmann wird Lehrer, lebt weitab vom Betrieb in Eckernförde an der Ostsee, macht sich langsam einen Namen als Lyriker, bekommt Preise, bleibt dennoch am Rand. Und dann schließt er Freundschaft mit Oskar Loerke, der auf ganz andere, aber verwandte Weise am Rande lebt. Auch Loerke ist ein geschätzter Lyriker, aber Lyrik bringt kaum großen Ruhm, und so ist er noch geschätzter mit seinen Brotberufen als Kritiker, Lektor im S. Fischer Verlag, als Sekretär der Preußischen Akademie der Künste, Sektion für Dichtkunst.

Das Jahr 1933 wird für beide zum Lebensbruch. Wo leben Loerke und Lehmann, wenn nicht in innerer Emigration? Beide sind viel zu unbekannt für einen Erfolg im Ausland, und keiner von ihnen steht unter der Morddrohung der Rassegesetze. Loerke arbeitet weiter, Verzweiflung und Ekel sind der Grundton seines privaten Tagebuchs; Lehmann arbeitet weiter, veröffentlicht 1935 noch einen Gedichtband: »Antwort des Schweigens.«

Doch nicht einmal das Abseits ist ein sicherer Ort. Auch die inneren Emigranten bleiben verstrickt, und das hat die Nachwelt nicht vergessen. Lehmann tritt am 1. Mai 1933 der NSDAP bei, um seine Lehrerstelle nicht zu verlieren; zwei Tage später, angewidert von sich selbst, doch ohne den Mut zum Bekenntnis, schreibt er an seinen jüdischen, bald schon emigrierten Freund Werner Kraft: »Lieber Herr Kraft, ich grüsse Sie aus der Tiefe der Empfindungen und wünsche Ihnen & mir die Fähigkeit, sich aus der Bitterkeit der Bitternisse emporzusaugen. Ich gedenke Ihrer als Ihr Wilhelm Lehmann.«

Loerke unterschreibt im Oktober als Sekretär der Preußischen Akademie das Treuegelöbnis an den gehassten »Führer« – auf Bitten des jüdischen Verlegers Samuel Fischer, der so seinen Verlag zu retten hofft. Diese Unterschrift, eine Schande, die er sich nie verzeiht, quält Loerke durch die bleibenden, bitteren Lebensjahre; Lehmann schickt 1945, gleich als der Postverkehr wieder möglich wird, eine Suchanzeige nach Jerusalem: »My dear Mr. Kraft, are you still alive?« Ihre Freundschaft überlebt, es folgen noch Hunderte von Briefen.

Von alldem spricht Wilhelm Lehmanns verkapptes Sonett nicht – und spricht dennoch von nichts anderem. Die geschichtsferne Unschuld der Naturlyrik ist ein Missverständnis, und Lehmann unterläuft es schon durch die unpoetische Klammer mit der Jahreszahl im Titel, denn wer wüsste nicht, was »1944« heißt? Die Sommeridylle weckt Sehnsucht nach einer freundschaftlichen Gemeinsamkeit, die längst in ein anderes Zeitalter gehört, und während der Dichter noch für einen Moment den Verstorbenen zu beschwören meint, bricht die Gegenwart brutaler ein als wohl je in ein deutsches Naturgedicht: »Sirene heult, Geschützmaul bellt. / Sie morden sich: es ist die Welt.« Was klingt wie das ferne Echo jener expressionistischen Lyrik, der man gerade Loerke oft zuordnet, ist krasse Wirklichkeit. Der Bombenkrieg hat Berlin im Frühjahr 1944 mit voller Wucht erreicht, und als Lehmann sein Manuskript auf den 25. Juli datiert, weiß schon jeder von dem gescheiterten Attentat in der »Wolfsschanze«.

Wilhelm Lehmann steht am Grab seines Freundes, und das ist nicht mehr als ein kurzes Innehalten: »Der Tag ist süß und ladet ein«, heißt es, doch der Widerspruch dreht ihm die Worte im Munde um: »Der Erdentag lädt nicht mehr ein.« Im weltgeschichtlichen Erdentag lässt sich der eigene, geschichtsferne Tag nur für einen Augenblick erleben, nicht mehr. Lehmann widerruft seinen Wunsch, der tote Freund möge erscheinen: »Komm nicht! Laß mich allein ...« Lehmann stirbt erst im November 1968, und obwohl ihn noch eine Art Ruhm einholen wird, bleibt er seiner Gegenwart fremd. Heute, so sagt man, ist er vergessen wie sein Freund Oskar Loerke in Frohnau. Aber stimmt das wirklich? Was ist die Gegenwart eines Dichters? Die Lektüre eines Gedichts, die Erinnerung an die Erfahrungen, die darin eingeschrieben sind. Wilhelm Lehmann hat mit seiner in der Mitte durchgerissenen Idylle auf dem sommerlichen Friedhof dem Freund und sich selbst ein unvergessliches Denkmal gesetzt, dauerhafter als der Stein, auf dem der Fliegenschnäpper hüpft.

Erschienen am 6. August 2021 in der Frankfurter Allgemeinen Zeitung in der Rubrik »Frankfurter Anthologie«. Nachdruck mit freundlicher Erlaubnis des Verfassers.

Wilhelm Lehmann
Ahornfrüchte

An Oskar Loerke

Gleich Sarazenensäbeln hängen
Die Ahornfrüchte bündeldicht.
Still ist es in der Waffenkammer,
Das Weltgeschrei bewegt sie nicht.

Wildhüter sagte mir und Bauer,
Sie brauchten nicht die dünne Frucht.
September trocknet ihr die Flügel,
Ein Kind hat sie zum Spiel gesucht.

Der Star, von Kälberrücken schnurrend,
Pickt nach den Schwertern, läßt sie wieder;
Geweih des Hirsches streift sie müßig –
Sie glänzen, Ungebrauchte, nieder.

Ich aber brauche sie. Durch Erde und durch Himmel
Zückt meine Hand sie. Dem Getümmel
Der Menschen unsichtbar zieht meines Schlages Spur –
Sie glänzen grün und kupferrot. Von ihrer Klinge raucht
Kein Blut. Im Schlaf sich rührend, unverbraucht,
Die Schwerter sie des Dichters nur.

GW 1, 47
Datierung: 3.–6.9.1933
Aufgenommen in »Antwort des Schweigens«, Lehmanns ersten Gedichtband,
Berlin 1935, S. 40.
Vgl. auch Wilhelm Lehmann. Ein Lesebuch. Ausgewählte Lyrik und Prosa.
Herausgegeben von Uwe Pörksen, Jutta Johannsen und Heinrich Detering.
Göttingen: Wallstein 2011, S. 24
In der ersten Fassung vom 3.9.1933 lauten die ersten und die letzten Verse:

Gleich kupfernen Schwertern hängen Ahornsamen.
Sie schlagen niemand.

Wildhüter nicht, nicht Bauer konnte mir sagen,
Daß ein Wesen sie brauche.
[...]
Ich brauche sie, ich zücke die Krummen, Kupfernen, Unverbrauchte.
Sie sind die Schwerter des Dichters.

Oskar Loerke hat die politische Dimension dieses Herbstgedichts, geschrieben ein halbes Jahr nach der Wahl Adolf Hitlers zum Reichskanzler, gesehen, wenn er am 3.10.1933 an Lehmann schreibt: »[...] und wir schlagen uns ein Stück weiter durch. Dir gelingt wohl, im wesenlosen Scheine zu lassen, was niederdrücken möchte.« Loerkes Gedicht »Tempelabend« von 1921 enthält mit den »Agavenschwertern von Pompeji« ein ähnliches Bild. Beide Dichter wissen sich ihrer Haltung gegen den Totalitarismus gegenseitig bestätigt, Loerke spricht von »Bundesgenossenschaft«, die ihn mit Lehmann verbinde. (vgl. GW 1, 406f.)

Oskar Loerke
Tempelabend

Ach, einmal kehrt der Gott auch in den Stein,
Ergraut, aus dem der Fromme ihn gemeißelt,
Und einmal will der Block nur Asche sein,
Wenn ihn des Gottes Wetter viel gegeißelt.

Die Sonne tönt nicht
Und hängt, eine blanke
Zerbrochene Schelle,
Von Kindern besessen
Vor längst und vergessen.
Es ruht der Gedanke
Der hadernden Essen,
Die flammende Helle
Der stürzenden Laven,
Es ruht der Vulkan.

Doch das Schwert der Agaven
Steigt staubig zum Krater,
Es bricht sich die Bahn
Durch Heerschar der Sterne:
Zum dämmernden Hafen,
Zum schweigenden Vater.

Oskar Loerke
Vogelbotschaft unterm Regenbogen

Für Fenne zur Weihnacht 1939

Du lagst halb träumend noch im Bette,
Da scharrte auf dem Fensterbrette
Mit ihrem Fuß und sprach die Meise:
»Wir sind nicht wie die Menschen weise,
Die immer ihre großen Toten
Mit heißer Ehrgier überboten.
Wir aßen stets dasselbe Futter
Wie unsre Ahnin, unsre Mutter,
Und waren ihnen gleich an Kleide,
An Nest und Flug und Wunsch und Leide,
Doch haben wir mit unserm Wissen
Den Friedensbogen nie zerrissen,
Und glaub, es kann kein Mensch dich lehren,
In höchsten Nöten dich zu wehren.
Du mußt wie wir den Glauben wagen,
Du habest Flügel, die dich tragen.«

Sämtliche Gedichte. Bd 2, 833
*Es handelt sich um ein Gedicht an ein Kind. Fenne ist Tochter von Loerkes
Frohnauer Nachbarn Käthe und Bruno Jacubeit. Die Widmung lautet voll-
ständig nach der Handschrift:*
Fürs liebe Fennelein als Beitrag in das Poesiealbum, falls die Verslein von
der Empfängerin in Huld genehmigt werden.
Zur Weihnacht 1939 ausgedacht.
Onkel Oskar, Schüler der Vogelsprache.

Die Gedichte »Gedenkzeit«, »Tempelabend« und »Vogelbotschaft unterm Regenbogenbogen« werden zitiert nach der Ausgabe Oskar Loerke, Sämtliche Gedichte. Herausgegeben von Uwe Pörksen und Wolfgang Menzel. Göttingen: Wallstein 2010, Bd. 2, 919; Bd. 1, 321; Bd. 2, 833.

Wilhelm Lehmanns Texte werden zitiert nach der Ausgabe: Wilhelm Lehmann, Gesammelte Werke in acht Bänden. Stuttgart: Klett-Cotta 1982-2009 (GW 1 - GW 8).

Die Gedichte siehe Band 1: Sämtliche Gedichte. Hrsg. von Hans Dieter Schäfter. Stuttgart: Klett-Cotta 1982 (vergriffen).

In der Reihe »Sichtbare Zeit« sind bisher erschienen:

Band 1: Wilhelm Lehmanns Stimme und Echo (2005) 978-3-8353-0036-1

Band 2: Wiederbegegnung: Wilhelm Lehmanns poetisches Spektrum (2006) 978-3-8353-0097-2

Band 3: Wilhelm Lehmann zwischen Naturwissen und Poesie (2008) 978-3-8353-0132-0

Band 4: Merlinszeit. Wilhelm Lehmann braucht ein Haus in Eckernförde (2010) 978-3-8353-0783-4

Band 5: Der Provinzlärm und die Aufgabe, Flügel zu schaffen (2013) 978-3-8353-1243-2

Band 6: Begegnungen. Erinnerungen – Wilhelm Lehmann und der Krieg (2016) 978-3-8353-1866-3

Band 7: Metamorphosen des Überläufers (2018) 978-3-89876-913-6

Band 8: Der Wanderer und der Weg (2019) 978-3-89876-961-7